나는
어떻게 살고 사랑할까?

철학으로
사람 공부 인생 공부

나는
어떻게 살고 사랑할까?

철학으로
사람 공부 인생 공부

황진규 지음

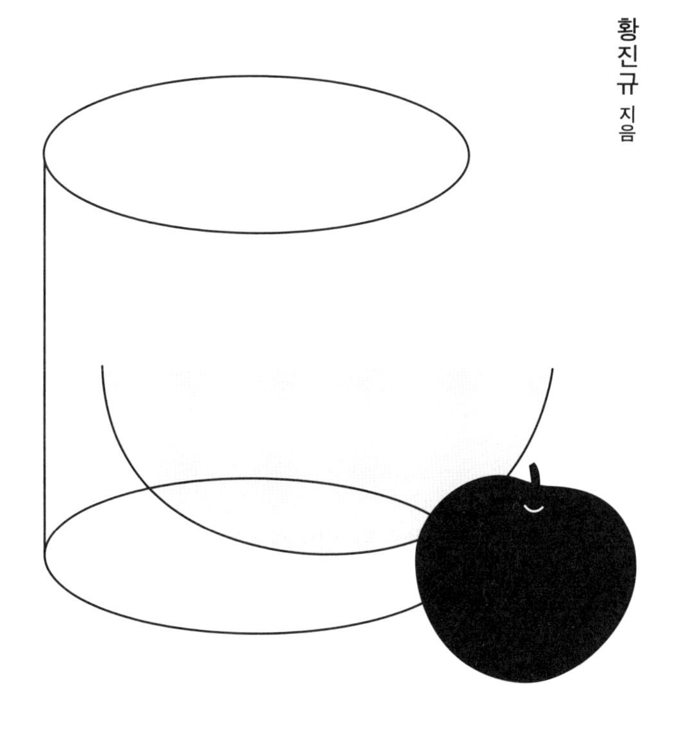

한권

프롤로그

철학은 삶의 BGM이다

하나.

"별일 아닌 것 같은데 왜 그리 놀라?"

"방에 아무도 없었잖아. 그런데 갑자기 책이 떨어지니까 뭔가 있는 것 같아서."

적막이 흐를 정도로 조용한 방이었습니다. 친구와 저는 각자 책을 읽고 있었습니다. 그때 책장에서 책 한 권이 툭 하고 떨어졌습니다. 대수롭지 않게 여기고 다시 책을 읽으려 할 때, 친구가 화들짝 놀라며 말했습니다. "어, 이거 왜 이래?" 갑자기 궁금해졌습니다. 저는 그리 신경 쓰이지 않았던 작은 소리에 친구는 왜 그리 놀랐는지 말입니다.

친구는 귀신이나 영혼 같은 미신과 관련된 사례를 잔뜩 늘어놓으며 자신이 놀란 이유에 대해 장황하게 설명했습니다. 순간 웃음이 났습니다. 하지만 바로 뒤이어 이 작은 사건이 웃음으로 넘겨버릴 만큼 결코 사소하지 않다는 사실을 깨달았습니다. 이 일은 철학책을 펼친 지금 우리에게 중요한 질문을 하나 던집니다. "철학을 왜 공부해야 하는가?"

철학은 무엇일까요? 우리는 일상에서 종종 '철학'이란 말을 사용합니다. "네 철학은 뭐야?", "그건 내 철학과 안 맞아." 이런 일상적인 말들은 어떤 의미일까요? "너는 세상을 어떻게 바라보니?", "그건 내가 세상을 바라보는 관점과는 맞지 않아"라는 의미일 테지요. 다시 말해 철학이라는 단어는 '세계관', 즉 세계를 바라보는 관점이라는 의미를 갖습니다. 이는 전통적인 철학자들의 철학에 대한 관점이기도 합니다.

전통적인 철학자들에게 철학은 일종의 '안경'입니다. 안경을 썼을 때만 세상을 선명하게 볼 수 있고, 안경을 쓰지 않으면 세상은 모두 흐릿하게 보입니다. 또한 동일한 대상일지라도 안경의 색깔에 따라 붉게 보이기도 하고 푸르게 보이기도 하며, 심지어 전혀 보이지 않기도 합니다. 전통적인 철학자들은 그가 쓰고 있는 안경(철학)에 따라 세계가 분명하고 명료한 차이를 보인다고 말합니다. 철학은 그런 안경입니다.

친구와 저의 차이는 무엇이었을까요? 안경의 차이였을까요? 그런 것도 같습니다. 오랫동안 철학을 공부한 저는 논리적이고 이성적이며 합리적인 안경을 쓰고 있었고, 친구에게는 그런 안경이 없었으니까요. 이것이 조용한 방에서 책이 떨어졌을 때 그 일이 제게는 우연으로, 친구에게는 귀신의 탓으로 보인 이유일 겁니다. 바로 거기에 철학을 공부해야 하는 이유가 있을까요? 즉 세상을 더욱 분명하고 선명하게 볼 수 있는 힘을 얻기 위해 철학을 공부해야 하는 걸까요?

저 역시 철학을 안경이라고 여기며 공부해 왔습니다. 세상을 조금 더 명확하게 볼 수 있는 안경을 쓰려고 애를 써 왔습니다. 저는 철학을 제대로 이해했던 것일까요? 아닙니다. 역설적이게도 철학을 안경으로 이해했기에 정작 중요한 것은 보지 못했습니다. 친구의 말에 저는 왜 웃음이 났을까요? 은밀한 교만 때문이었을 겁니다. '나는 안경을 쓰고 세상을 제대로 보고 있는데, 너는 안경이 없어서(혹은 잘못된 안경을 써서) 세상을 제대로 보지 못하는구나.' 이런 은밀한 지적 우월감 때문에 웃음이 났던 겁니다.

철학은 분명 세상을 조금 더 명확하게 볼 수 있게 해줍니다. 그렇다면 철학이란 '돋보기안경'인지도 모르겠습니다. 자신이 보고자 하는 곳만 지나치게 확대해서 정작 보아야 할 곳은 흐릿하게 만들어 버리는 돋보기안경 말입니다. 저는 철학을 공부했기에 책이 떨어진 것이 귀신 때문이 아니라 우연한 일에 불과하다는 사실을 분명히 볼 수 있었습니다. 하지만 정작 중요한 것은 보지 못했습니다.

제가 진정으로 보아야 했던 것은 '책이 떨어진 것은 우연'이라는 '사실'이 아니라, 책이 떨어지는 사소한 일에도 불안해하고 두려워하는 친구의 '마음'이었습니다. 철학을 안경으로 여겼기 때문에 정작 중요한 것들은 볼 수 없었던 셈입니다. 철학은 세상을 분명하고 명확하게 이해하는 데 도움을 줍니다. 하지만 그것이 철학을 공부해야 하는 근본적인 이유는 아닐 겁니다. 그렇다면 철학은 왜 공부해야 하는 것일까요?

둘.

철학은 BGM(background music, 배경음악)입니다. 이어폰을 끼고 버스를 타본 적이 있나요? 매일 다녔던 길과 정류장이지만, 이어폰을 타고 흐르는 선율에 맞춰 권태로운 일상은 아름다운 풍경으로 바뀌곤 합니다. 영화 속의 같은 장면이라 할지라도 배경에 깔리는 음악에 따라 전혀 다르게 느껴지듯 말입니다. 철학을 직업으로 삼고 공부한 지 10년이 훌

쩍 지나서야 비로소 깨달았습니다. 철학은 안경이 아니라 BGM이라는 사실을 말입니다.

철학을 공부하는 것은 안경이 아니라 '음악'을 갖는 일에 더 가깝습니다. 자신이 마주한 세계를 더 아름답게 만들어 줄 삶의 배경음악 말입니다. 한 명의 철학자를, 하나의 철학적 개념을 알게 되는 것은 내 삶에 하나의 음을 더하는 일입니다. 그렇게 한 명씩, 하나씩 더해진 음들이 어우러져 하모니를 이룰 때, 그것은 우리 삶의 BGM이 됩니다. 우리가 어디에 있든 어떤 상황이든, 우리 삶을 조금 더 아름답게 만들어 줄 BGM 말입니다.

책장에서 책이 떨어졌을 때, 친구가 불안과 공포를 느꼈던 이유는 무엇일까요? 그의 삶에 깔리는 음악이 삶을 경직시키고 긴장시키는 BGM이었기 때문일 겁니다. 제가 그 일을 대수롭지 않게 느꼈던 이유는 무엇일까요? 제 삶에 깔리는 음악이 여유롭고 차분하며 평온한 BGM이었기 때문일 테지요. 철학은 세계를 명료하게 볼 수 있는 안경이 아니라,

삶을 아름다운 풍경으로 바꿀 수 있는 BGM입니다. 바로 이것이 우리가 철학을 공부해야 하는 진정한 이유일 겁니다.

이별, 가난, 이혼, 퇴사, 질병, 죽음…. '갑자기 떨어진 책'처럼 우리네 삶에도 그런 사건들이 종종 찾아올 겁니다. 그때마다 우리는 혼란, 불안, 우울, 공포에 빠지게 될까요? 그렇지 않습니다. 그것이 혼란, 불안, 우울, 공포가 될지 아니면 흥미로운 일이나 의미 있는 일이 될지는 삶에 깔리는 BGM에 의해 결정될 겁니다. 서재에 흐르는 음악에 따라 '갑자기 떨어진 책'이 '귀신'이 될 수도 있고, '우연'이 될 수도 있고, 혹은 새로운 사유를 촉발하는 '인연'이 될 수도 있는 것처럼 말입니다.

직장에서 힘겹게 하루를 버틴 날, 이별한 날, 해고당한 날, 몸이 아픈 날, 사랑하는 이가 죽은 날, 우리는 슬픔에 빠집니다. 하지만 그 슬픔이 곧 불행이 되는 것은 아닙니다. 불운한 사건을 맞닥뜨렸지만 불행해하지 않는 이들이 있습니다. 어떻게 그럴 수 있을까요? 그들은 유쾌하고 기쁜 삶의 BGM을 갖고 있기 때문입니다. 슬픔이 불행이 될지 또 다른 삶의 의미가 될지는 한 사람의 삶에 늘 흐르고 있는 BGM에 달렸습니다.

정든 사람과 이별하고, 일자리를 뺏기고, 건강을 잃고, 사랑하는 이가 죽었지만, 그 삶 뒤로 잔잔하며 따뜻한 음악이 흐르고 있다면 어떨까요? 그 일들을 즐겁게 받아들일 수는 없어도, 그 속에서 또 다른 삶의 의미를 발견하며 조금 더 의연히 자기 삶을 마주할 수 있을 겁니다. 그렇게 다음날을 조금 덜 슬프게, 조금 더 기쁘게 시작할 수 있겠지요. 고난과 불운을 도처에서 맞닥뜨려야 하는 우리네 삶에서 이보다 더 중요한 일도 없을 겁니다.

철학은 삶의 BGM입니다. 우리네 삶을 더 아름답게 만들어 줄 BGM. 철학은 사람을 변화시키고, 삶을 바꿉니다. 그렇다고 철학이 삶의 곤경을 모두 해결해 준다는 의미는 아닙니다. 여러분이 당면한 모든 곤경을 철학이 해결해 줄 수는 없습니다. 하지만 철학은 곤경에서 벗어날 수 있는 새로운 시선을 선물해 줄 겁니다. 철학은 우리네 삶을 덜 우울하고 더 유쾌하며 덜 불행하고 더 행복하게 만드는 BGM이 되어줄 테니까요. 아름다운 음악이 흐르는 삶에서 곤경은 좌절과 절망이 아니라 의미와 희망으로 느껴질 테니까요.

사람이 어려운가요? 사람에 지쳤나요? 삶이 지루한가요? 삶이 고통스럽나요? 이어폰을 낄 시간입니다. 철학이라는 BGM이 흐르는 이어폰.

CONTENTS

왜 세상이 두려운 걸까?

타인은 공포다!

단 한 사람도 버거운 당신

어린아이나 젊은이의 특성은 "나는… 나는… 나는…"이라고 하는 데 있다. 그러나 성숙한 사람의 표지와 영원한 사람의 헌사는, '나'가 '그대'나 '당신'이 되지 않으면 아무런 의미도 없다는 사실을 이해하려는 욕구다.

– 키르케고르

누구에게나 세상은 두렵습니다. 하지만 그 두려움을 대처하는 방식은 저마다 다릅니다. 어떤 이는 두려움을 의연히 극복하며 잘 살아내지요. 반면 어떤 이는 세상이 주는 두려움에 압도되어 잘 살아내지 못하곤 합니다. '히키코모리(은둔형 외톨이)'처럼 세상과 벽을 쌓고 방안에만 머무는 이들이 대표적인 경우일 겁니다.

세상에 대한 두려움. '히키코모리' 같은 사람들만의 문제일까요? 아닙니다. 항상 분노에 차 있는 이들, 세상을 향해 늘 냉소적 태도를 취하고 있는 이들 역시 마찬가지입니다.

그 또한 세상의 두려움에 압도된 이들입니다. 그들의 분노와 냉소는 세상을 향한 두려움에 압도되어 발생한 뒤틀어진 자기 보호의 마음이니까요.

우리는 왜 세상이 두려운 걸까요? 바로 타자 때문입니다. 도대체 이해할 수 없는 타자들. 그런 타자들이 도처에 바글거립니다. 그러니 세상이 얼마나 두렵겠습니까. 마치 한 번도 본 적 없는 동물과 벌레 들이 우글대는 오지에 떨어진 것 같은 기분과 비슷할 테지요. 이제, 세상의 두려움에 잘 대처하는 이와 그렇지 않은 이의 차이에 대해 말할 수 있습니다. 그 차이는 타자를 이해하는 힘에 있습니다.

사람마다 타자를 이해할 수 있는 역량은 다 다릅니다. 어떤 이는 더 많은 타자를 더 크게 이해할 수 있고, 또 어떤 이는 더 적은 타자를 더 작게 이해할 수밖에 없습니다. 타자를 이해하는 역량에 따라, 세상은 더 두렵거나 덜 두려운 곳이 되겠지요. 두려움은 언제나 우리가 모르는 것에서 출현하니까요. 그렇다면 무엇 때문에 타자를 이해하는 역량이 발휘

되기 힘들까요?

바로 '자의식 과잉'입니다. 자의식 과잉이란 무엇일까요? 세상 모든 일의 중심을 '나'에게 두는 상태입니다. 그래서 자신이 생각하고 느끼는 대로 상대 역시 생각하고 느끼리라 무의식중에 확신하는 상태입니다. 세상을 향한 두려움은 자의식 과잉의 결과입니다. 항상 자신을 중심으로 생각하고 느끼는 사람은 타자를 점점 이해할 수 없게 됩니다. 그리고 이는 끝내 세상을 향한 두려움으로 번져나갈 수밖에 없습니다. 좋든 싫든 세상은 수없이 많은 타자들로 이루어진 세계니까요.

자의식 과잉은 구체적으로 어떤 상태일까요? 키르케고르의 말을 빌리자면 "나는… 나는… 나는…"이라고 하느라, '나'가 '당신(그대)'이 되지 못한 상태라고 할 수 있습니다. 끊임없이 "나는…"이라고 말하는 사람이 어떻게 타자를 이해할 수 있을까요? 그들은 언제나 세상 모든 일의 중심에 자신을 두느라 점점 더 타자의 마음을 이해할 수 없게 됩니다.

타자를 이해한다는 것은 자신(나)의 자리에 타자를 세워본다는 말과 다르지 않으니까요.

그런데 자의식 과잉에는 오해할 소지가 있습니다. 자의식 과잉은 흔히 '이기심'과 혼동되곤 합니다. 어쩌면 당연한 일인지도 모르겠습니다. 세상 모든 일의 중심을 나에게 두는 상태는 자의식 과잉뿐만 아니라 이기심의 양상으로 나타나기도 하니까요. 하지만 자의식 과잉과 이기심은 명백히 다른 마음 상태입니다. 이 두 마음의 차이를 통해 자의식 과잉이 어떤 상태인지 더욱 분명하게 밝힐 수 있습니다.

태어나서 처음으로 어떤 가수에 푹 빠져버린 아이가 있습니다. 아이는 누구를 만나든 열정적으로 그 가수 이야기만 늘어놓습니다. 이기적이어서일까요? 아이가 너무 이기적이어서 타인의 관심사는 아랑곳없이 자기 관심사만 이야기하는 걸까요? 아닙니다. 그 가수를 좋아하는 마음에 온통 도취되어 타인 역시 자신처럼 생각하고 느끼리라 무의식중에 확신하기 때문일 겁니다. 즉 이기심이 의식적으로 타인을 자신과 '차별화'하는 마음이라면(의도적 무시), 자의식 과잉은 무의식적으로 타인을 자신과 '동일시'하는 마음 상태라고 말할 수 있습니다(비의도적 무시).

이런 자의식 과잉 상태는 좀처럼 해소되기 어렵습니다. 시기의 차이가 있을 뿐, 누구나 자의식 과잉 상태에 균열이 가는 사건(타자)을 반드시 만나게 됩니다. 하지만 그런 사건(타자)에도 불구하고 자의식 과잉 상태는 좀처럼 해소되지 않습니다. 왜 그럴까요? 자의식 과잉의 균열이 모종의 불쾌함과 불편함을 초래하기 때문입니다. 다시, 어느 가수를 열렬히 좋아하게 된 아이의 이야기로 돌아가 봅시다.

아이는 여느 때와 다름없이 신나서 자기가 좋아하는 가수에 대해 이야기를 늘어놓고 있습니다. 그때 한 친구가 말합니다. "나 그 가수한테 관심 없어." 순간 아이는 당황스럽고 민망해집니다. 부끄럽고 화도 납니다. 이처럼 타자의 등장으로 자의식 과잉 상태에 균열이 발생할 때, 필연적으로 모종의 불쾌함과 불편함을 느끼게 됩니다. 마치 은밀한 자신만의 방에 허락도 없이 누군가 불쑥 침범한 것 같은 기분일 겁니다.

이제 그 아이는 어떻게 반응하게 될까요? 당황스럽고 민망하고 부끄럽고 화나는 마음을 회피하고자 친구와 점점 거리를 두게 될 겁니다. 자의식 과잉 상태가 균열하며 엄습하는 불편하고 불쾌한 마음(당황, 민망, 수치심, 분노 등)을 회피하고자 할 때, 자의식 과잉은 점점 더 견고해지게 마련입니다. 그 견고함만큼 타자는 점점 더 이해할 수 없는 존재가 되겠지요. 이것이 한 사람이 세상의 두려움에 잠식당하는 과정입니다.

비단 그 아이만의 이야기가 아닙니다. 학업, 직장 업무, 사업, 결혼 등등의 사건을 통해 우리는 새로운 타자(선배, 상사, 고객, 처가, 시가 등)에게 노출됩니다. 그때마다 자의식 과잉의 균열을 경험하게 됩니다. 내가 생각하고 느끼는 대로 타인 또한 생각하고 느끼리라는 무의식적인 확신이 깨지는 경험을 반드시 하게 되지요. 그때 느낄 수밖에 없는 불편함과 불쾌함(당황, 민망함, 부끄러움, 분노 등)을 외면하려는 시간이 길어질수록, 세상은 점점 두려움의 대상이 되어갑니다. 내가 이해할 수 없는 이들이 넘쳐나는 세상은 두려움의 대상일 수밖에 없으니까요. 그렇게 우리는 세상에 압도되어 두려움을 느끼게 됩니다.

세상의 두려움에 대처하는 방법은 간명합니다. 자의식 과잉을 해소할 것! 이 일은 자의식 과잉이 균열하는 순간 찾아오는 불편함이나 불쾌함(당황, 민망 등)을 어떻게 응시하며, 얼마나 견뎌내는지에 달려 있습니다. 그 응시와 견딤의 시간 동안 자의식 과잉은 점점 더 옅어지고, 그만큼 더 많은 타자를 더 크게 이해할 수 있습니다. 타자가 초래하는 불편함이나 불쾌함을 정면으로 응시하며 묵묵히 견뎌내려는 이는 자의식 과잉에서 벗어나게 됩니다.

키르케고르에 따르면, 미숙한 이는 언제나 "나는… 나는… 나는…"이라고 하고 성숙한 이는 "그대는… 그대는… 그대는…"이라고 합니다. 자의식 과잉을 해소하는 일은 중요합니다. 자의식 과잉을 해소한다는 것은 성숙해진다는 말과 다르지 않기 때문이지요. 성숙한 이는 세상을 두려워하지 않습니다. 자의식 과잉을 해소했기에, 성숙한 이에게 타자는 두려운 회피의 대상이기보다 즐거운 모험의 대상입니다. 자의식 과잉을 넘어 저마다의 성숙에 이르러 타자들이 넘쳐나는 세상을 신나게 모험할 수 있다면 얼마나 좋을까요?

DAILY PHILOSOPHY

사람들은 사랑의 대상을 발견할 수 없는 것이 실은 자기 잘못임에도 불구하고 그것을 불행이라고 부른다.

– 키르케고르

자의식 과잉에서 벗어나고 싶은가요? 매혹적인 이를 사랑하세요. 그때 우리는 자의식 과잉에서 벗어날 수 있습니다. 온 마음을 사로잡은 이를 사랑해 본 적이 있나요? 그렇게 매혹적인 이가 나타났을 때 어떤 마음이 들던가요? '너'가 '나'를 좋아하지 않으면 어쩌나? '너'가 '나'를 떠나버리면 어쩌나? 노심초사하게 되지요. 이렇게 간절한 마음속에서는 누구도 자의식 과잉 상태를 유지할 수 없습니다.

매혹적인 이를 간절히 사랑한다면 '내가 감자탕을 좋아하니 너도 감자탕을 좋아하겠지'라며 쉽사리 확신할 수 있을까요? 그런 확신(자의식 과잉)은 상대를 사랑하지 않을 때, 정확히는 별 관심이 없을 때만 가능한 일입니다. '나'가 '너'를 좋아하는 만큼 '너' 역시 '나'를 좋아해 주기를, '나'가 '너'를 떠날 수 없는 것처럼 '너' 역시 '나'를 떠나지 않기를 간절히 바라는 사람에게 자의식 과잉은 '균열'이 아니라 '소멸'에 이를 수밖에 없습니다.

우리가 쉽게 자의식 과잉 상태에 머물 수 있는 건 아무도 사랑하지 않기 때문입니다. 그 누구도 자기보다 소중히 여기지 않기 때문입니다. 항상 자기중심으로 생각하고 생활하는 것은 주위 사람 중에서 누구든 떠나도 상관없다고 (의식적 혹은 무의식적으로) 여기기 때문이니까요.

내 곁을 떠나지 않기를 간절히 바라는 상대가 있다면, 결코 자의식 과잉 상태에 머물 수 없습니다. 사랑에 빠진 이는 언제나 자기중심을 버리고 상대를 중심으로 살아갈 수밖에 없습니다. 그래야 상대를 내 곁에 좀 더 오래 머물도록 할 수 있을 테니까요.

한 사람을 깊이 사랑해 본 이가 성숙한 것은 결코 우연이 아닙니다. 사랑해 본 사람만이 '내가 당신(그대)이 되지 않으면 아무런 의미도 없다'는 사실을 진심으로 깨닫기 때문입니다. 자의식 과잉을 벗어난 만큼이 바로 성숙의 깊이입니다. 깊이 사랑한 만큼 자의식 과잉에서 벗어나고 그만큼 성숙한 사람이 될 수 있습니다.

왜 오해하는 걸까?

그 오해는

네 '기억' 때문이야!

사실상 기억에 젖지 않은 지각은 없다. 우리는 우리 감각에 현재 직접적으로 주어지는 것에다 과거 경험의 무수한 세부를 섞는다. 매우 자주 그 기억들은 실제 지각을 이동시킨다. 그러한 이동이 일어날 때 우리는 실제 지각에서 단지 몇몇 실마리, 즉 이전의 이미지들을 상기시킬 수 있는 단순한 '기호'들만 취할 뿐이다.

– 앙리 베르그손

우리는 나이가 들어가며 점점 사람들을 만나려 하지 않습니다. 물리적인 의미라기보다 정서적인 의미에서 그렇습니다. 나이가 들수록 만나는 사람의 수가 점점 늘어나는 경우도 많이 있지요. 하지만 정서적으로도 그럴까요? 전혀 그렇지 않습니다. 일반적으로 나이가 들어가면서 속내를 진정으로 털어놓고 만날 수 있는 관계는 점점 줄어드는 법입니다.

늙어가며 외로움과 공허감을 호소하는 이들이 많아지는 것도 바로 이 때문일 겁니다. 물리적으로 만나는 관계가 아무리 많다고 한들, 정서적으로 만나는 이들이 없다면 삶은 외롭고 공허해지기 마련이니까요. 그렇다면 우리는 왜 점점 진정한 관계를 맺으려 하지 않는 걸까요? 바로 오해 때문입니다. 세상을 살아가면서 가장 큰 고통 가운데 하나는 오해받는 일입니다.

나의 속마음을 오해하는 사람 때문에 크고 작은 상처를 받아보지 않은 이는 없을 겁니다. 누군가에게 오해받을 때의 슬픔(당황, 분노, 좌절, 증오, 냉소 등)이 너무나 크기 때문에 우리는 점점 사람들을 만나려 하지 않습니다. 관계를 줄여서 오해의 상처 역시 줄여보려는 시도인 셈이지요. 하지만 지혜로운 태도는 아닙니다.

나이가 많든 적든 사람에게는 사람이 필요합니다. 오해의 위험을 감당하며 속마음을 터놓고 지낼 사람이 필요합니다. 오해받을 때의 슬픔(분노, 좌절, 증오, 냉소 등)보다 혼자 남겨지는 슬픔(외로움, 공허함)이 우리네 삶을 더 불행하게 만드는 까닭입니다. 그렇기에 우리는 오해를 어떻게 다룰 것인지 고

민해 보아야 합니다. 오해를 잘 다룰 수만 있다면 누군가를 만나 진정한 관계를 만들어 나갈 수 있을 테니 말입니다.

왜 누군가를 오해하게 될까요? 베르그손의 표현에 따르면 '기억에 젖지 않은 지각은 없기' 때문입니다. 이것은 어떤 의미일까요? '오해한다'는 것은 '잘못 지각한다'는 말입니다. 그렇다면 잘못된 지각은 왜 발생하는 걸까요? 바로 '기억' 때문입니다. 예를 들어볼까요? 규섭과 인철이 함께 음식점에서 밥을 먹고 있습니다. "너 요즘 돈 없지?" 규섭이 인철에게 말합니다. 그러자 인철은 정색하며 "너 지금 나 무시하냐?"라며 화를 냅니다. 인철이 규섭을 오해한 겁니다.

왜 규섭은 인철에게 돈이 없는지 물었을까요? 요즘 부쩍 돈 때문에 힘들어하는 인철의 상황에 마음이 쓰여 밥값을 대신 내려고 했기 때문입니다. 그런데 인철은 규섭의 선의를 비난과 무시로 오해했습니다. 인철이 오해한 이유는 무엇일까요? 어린 시절부터 가난하다는 이유로 비난받고 무시당했던 인철의 기억 때문입니다. 이처럼 우리는 대상을 지각할 때 '현재 직접적으로 주어지는 것(친구의 선의)에다 과거 경험의 무수한 세부(가난의 기억)를 섞게' 됩니다.

바로 이것이 오해의 근원입니다. 우리가 갖고 있는 기억은 자신의 의지와 상관없이 '실제 지각을 이동(선의→비난, 무시)'시켜 버립니다. 그런 이동은 '실제 지각(친구의 선의)에서 단지 몇몇 실마리, 즉 이전의 이미지(가난의 기억)를 상기시킬 수 있는 단순한 '기호("너 요즘 돈 없지?")'만 취하게' 만듭니다. 우리 주변에 존재하는 수많은 오해는 바로 이런 과정으로 발생하게 됩니다. 결국 오해는 우리가 저마다 갖고 있는 기억 때문에 발생하는 일입니다.

'오해'에서 자유롭기 위해 가장 먼저 해야 할 일은 '기억'을 잘 살펴보는 것입니다. 자신이나 상대가 특정한 기억에 강하게 사로잡혀 있는지 잘 살펴보아야 합니다. 특정한 기억에 강하게 사로잡혀 있다면 결코 한 사람을 제대로 이해할 수 없습니다.

직장에서 잔소리를 많이 들은 남편이 퇴근 후 아내의 작은 요청에도 화를 내는 경우를 떠올려 봅시다. 남편이 화를 낸 이유는 아내를 오해했기 때문입니다. 즉 (상사에게 끊임없이 잔소리를 들어야 했던) 직장에서의 기억에 사로잡혀 아내를 오해한 것입니다. 마치 교통사고를 당한 기억에 사로잡힌 사람이 자동차를 '이동 수단'이 아닌 '흉기'로 오해하는 마음 상태와 유사합니다.

물론 반대 경우도 있을 겁니다. 우리는 간혹 주변에서 자녀에게 욕설을 섞으며 애정을 표시하는 부모들을 보곤 합니다. 그런 부모에게 자란 아이가 다른 사람의 모욕적인 욕설에서 애정을 느낀다면 그 또한 욕설과 애정 어린 말을 오해한 것입니다. 어떤 경우든, 오해는 결국 한 사람의 기억 때문에 발생합니다.

'기억에 젖지 않은 지각'이란 없기에 인간에게 오해(잘못된 지각)는 불가피한 일인지도 모르겠습니다. 기억이 없는 인간은 없으니까요. 그렇다고 오해에서 벗어나는 길이 전혀 없는 건 아닙니다. 어떻게 오해에서 벗어날 수 있을까요? 단순히 지각하기보다, 모든 지각에는 반드시 어떤 기억이 들러붙어 있다는 사실을 지각해야 합니다.

누군가를 오해하거나, 누군가에게 오해받거나 모두 마찬가지입니다. 오해하는 경우부터 생각해 봅시다. 우리는 왜 다른 사람을 오해할까요? 스스로 상대를 순수하게 지각한다고 확신하기 때문입니다. 친구, 연인, 아내의 말과 행동을 지각할 때 우리는 결코 순수하게 지각하는 것이 아닙니다. 그 지각에는 반드시 어떤 기억이 들러붙어 있습니다. 그 사실을 지각해야 합니다.

한 남자가, 짙은 화장에 짧은 치마를 즐겨 입는 동료를 보며 그녀가 문란할 것이라 생각합니다. 이때 남자의 '지각'은 오해입니다. 자신이 상대를 (어떤 기억에도 영향받지 않고) 순수하게 지각한다고 확신하기에 발생한 오해입니다. 그 지각('그녀는 문란하다')은 자신의 개인적인 기억(자주 본 음란물에 대한 기억)이 들러붙어 있기에 발생한 것입니다. 만약 자신의 지각('그녀는 문란하다')이 음란물에 대한 기억이 들러붙어서 발생한 것은 아닌지 성찰해 볼 수 있다면, 오해는 현저히 줄거나 사라지게 될 겁니다.

오해를 받는 경우도 마찬가지입니다. 누군가 나를 보고 문란한(괴팍한, 무례한) 사람이라고 오해할 수 있습니다. 하지만 크게 신경 쓸 필요가 없습니다. 내가 자신을 오해하지만 않는다면, 타인의 오해는 크게 신경 쓰지 않아도 됩니다. 그 오해는 나 때문이라기보다, 스스로 잘못 지각할 수밖에 없게 만든 상대의 기억 때문일 테니까요. 우리를 오해하는 이가 있다면 그저 넌지시 말해주면 됩니다. "내가 문란해(괴팍해, 무례해) 보이는 건 당신의 문란한 기억 때문 아닐까요?"

"사실상 기억에 젖지 않은 지각은 없다." 이 삶의 진실을 깨닫는 것으로 오해에서 어느 정도 자유로워질 수 있습니다.

DAILY
PHILOSOPHY

지각의 편리함과 신속성은 그러한 대가를 치른 것이다. 그러나 거기에서 또한 온갖 종류의 착각들이 생긴다.

– 앙리 베르그손

오해에서 벗어나려면 불편함과 더딤을 견뎌야 합니다. 왜 오해는 사라지지 않는 걸까요? 편리하고 신속하기 때문입니다. 한 사람의 진정한 속내를 읽어내는 '이해'는 불편하고 더딥니다. 당연한 일입니다. 한 사람의 속내는 복잡하고 미묘한 데다 수시로 변하니까요. 누군가의 속내를 읽어내기란 여간 어려운 일이 아닙니다. 바로 이 때문에 오해의 충동이 발생합니다.

오해는 '할 수밖에 없는 마음'이 아니라 '하고 싶은 마음'에 가깝습니다. 상대를 이해하기보다 기존의 기억에 의존해 상대를 오해하는 편이 신속하고 편리하게 상황을 파악할 수 있기 때문입니다. 말투가 무뚝뚝한 사람이 실은 속정 깊은 사람일 수 있습니다. 그 속내를 이해하려면 불편함을 견디며 그를 오래 보아야 합니다. 하지만 세상 사람들은 그런 불편함과 더딤을 견디지 못합니다. 상대를 편리하고 신속하게 파악하고 싶기 때문입니다.

바로 그 '지각의 편리함과 신속성' 탓에 오해하고 오해받게 되는 '온갖 착각들이 생기게' 됩니다. 세상에 난무하는 오해는 그런 지각의 편리함과 신속성을 위해 치른 불행한 대가인 셈입니다. 그러니 오해에서 벗어나고 싶다면 편리함과 신속함을 버려야 합니다. 한 사람을 편리하고 신속하게 이해하고 싶은 바람 때문에 그를 오해하게 되어버리니까요.

누군가 우리를 편리하고 신속하게 지각해 주기를 바란다면 오해는 필연적입니다. 다른 사람에게 오해받고 싶지 않다면, 나를 편리하고 신속하게 지각해 주기를 바라는 마음부터 버려야 합니다. 반대로 누군가를 오해하고 싶지 않다면, 그를 편리하고 신속하게 지각하려는 태도부터 버려야 합니다.

오해에서 벗어나 진정한 관계를 맺고 싶은가요? 불편함

과 조바심을 견디며, 천천히 섬세하고 조심스레 다가가야 합니다. 그렇게 한 사람을 지각해야 합니다. 그 지난한 과정에서 진정한 관계는 꽃필 수 있을 겁니다. 어느 시인의 말처럼, 꽃이든 사람이든 오래 보아야 예쁘고, 자세히 보아야 사랑스러운 법입니다.

왜 타인을 믿어야 할까?

믿지 않는 것을

사랑하거나 희망할 수는 없다

저는 믿기 위해 이해하려고 노력하는 것이 아니라, 이해하기 위해서 믿습니다. 왜냐하면 '만일 내가 믿지 않는다면, 이해할 수 없으리라'는 것 또한 믿기 때문입니다.

믿지 않는 것을 사랑하거나 희망할 수는 없다. 따라서 인간 영혼이 최고 본질을 추구하고 그것을 사랑하기 위해서는 반드시 필요한 것을 믿는 것이 유익하다. 이로써 최고본질을 믿음에 따라 추구할 수 있게 된다.

– 안셀무스

바야흐로 불신의 시대입니다. 세상 사람들은 타인을 쉽게 믿지 않습니다. '이런 말(행동)을 하는 저의가 뭐지?' 우리는 늘 이런 의심을 갖고 살지요. 적대감을 느끼는 상대에겐 말할 것도 없고, 특별히 적대감이 없더라도 상대를 향한 크고 작은 의심을 멈추지 않습니다. 어째서 이처럼 불신이 넘쳐나는 시대가 되었을까요? 이유를 짐작하기란 전혀 어렵지 않습니다. 상대를 쉽게 믿지 않아야 자신을 지킬 수 있다고 여기기 때문입니다.

“이 업무는 자네 경력에 도움이 될 거야.” 상사의 이 말을 쉽게 믿었다간 졸지에 원치 않는 야근에 내몰리게 됩니다. “지금 반값 세일 중이에요.” 점원의 말을 믿었다간 순식간에 바가지를 쓰며 과소비를 하게 됩니다. 이처럼 타인의 말을 쉽게 믿었다가 크고 작은 피해를 본 경험은 누구에게나 있습니다. 이것이 우리가 타인을 집요하게 의심하는 이유입니다. 크고 작은 상처(손해, 피해)에서 자신을 지키기 위해 상대를 집요하게 의심합니다.

이런 태도는 비단 직장 상사나 점원에게만 국한될까요? 그렇지 않습니다. 우리는 주변의 거의 모든 타인, 즉 선배, 후배, 친구, 연인 심지어 가족까지 의심의 태도로 대하곤 합니다. 믿지 않고 의심할 때 상대의 속내를 간파할 수 있고, 그렇게 해야 자신을 지킬 수 있다고 믿으니까요. 과연 지혜로운 생각일까요? 상대를 집요하게 의심해야만 자신을 지킬 수 있을까요? 이는 어리석은 생각입니다.

안셀무스는 이렇게 말합니다. "저는 믿기 위해 이해하려고 노력하는 것이 아니라, 이해하기 위해서 믿습니다. 왜냐하면 '만일 내가 믿지 않는다면, 이해할 수 없으리라'는 것 또한 믿기 때문입니다." 안셀무스는 '이해'와 '믿음'의 관계에 대해 우리와 전혀 다른 태도를 보입니다. 우리는 상대를 (의심을 통해 상대의 속내를) 이해해야 믿을 수 있다고 여깁니다. 하지만 안셀무스는 오히려 이해하기 위해서 믿는다고 말합니다. 즉 우리에게는 (의심을 통한) 이해가 믿음의 선행 조건인 반면, 안셀무스에게는 믿음이 이해의 선행 조건인 셈입니다.

누구의 말이 옳을까요? 의심할 여지 없이 안셀무스의 말이 옳습니다. '이해' 뒤에 '믿음'이 오는 것이 아니라 '믿음' 뒤에 '이해'가 옵니다. 10년을 알고 지낸 '동료'와, 만난 지 1년 된 '연인'을 생각해 볼까요? 우리는 두 사람 가운데 누구를 더 잘 이해할까요? 아마 연인일 겁니다. 왜 그럴까요? 동료보다 연인을 더 믿기 때문이겠지요.

"요즘 나 좀 힘들다." 동료와 연인이 이렇게 말했다고 해봅시다. 동료의 말에 우리는 '업무를 도와달라는 건가?', '돈을 빌려달라는 건가?' 하며 이런저런 의심을 하게 됩니다. 그래서 지금 동료가 처한 곤경과 그의 감정을 온전히 '이해'하기 어렵습니다. 하지만 연인은 다릅니다. "요즘 힘들다"는 연인의 말에 우리는 그가 처한 상황과 그 감정을 더 잘 '이해'하게 됩니다. '어머니가 암에 걸리셨다니, 얼마나 마음이 아플까.' 연인을 향한 이런 깊은 이해는 어디서 나온 것일까요? 바로 연인에 대한 깊은 '믿음'입니다. "요즘 힘들다"는 연인의 말에 아무 의심 없이(저의를 파악하려 하지 않고), 그저 있는 그대로 믿었기 때문에 연인을 더 잘 이해하게 된 것입니다. 즉 믿을 수 있는 존재에게 의심은 들어설 여지가 없기에 상대를 더 잘 이해하게 됩니다.

삶의 이런 진실은 반대로 생각해 보면 더욱 명확하게 드러납니다. 만약 '이해' 뒤에 '믿음'이 온다면, 우리는 연인보다 동료를 더 굳게 믿어야 한다는 결론에 도달하게 될 겁니다. 1년 된 연인보다 10년 된 동료를 더 잘 이해하고 있을 테니까요. 하지만 이런 일은 삶에서 좀처럼 일어나지 않지요. 이처럼 한 사람을 이해해야 그를 믿을 수 있는 것이 아니라, 먼저 한 사람을 믿어야만 그를 이해할 수 있습니다.

누군가를 이해(의심) 없이 믿는 일. 이것이 삶의 진실이라 하더라도 실천하기란 쉽지 않습니다. 누군가를 믿는 것은 위험한 일이기 때문입니다. 한 사람을 의심 없이 선뜻 믿을 때 우리는 크고 작은 상처를 마주할 수밖에 없습니다. 그래서일까요? 세상 사람들은 '믿음→이해(믿기 때문에 이해한다)'라는 삶의 진실을 은폐하고, '이해→믿음(이해했기 때문에 믿는다)'이라는 허황한 오류에 빠져 삽니다. 믿음은 위험하니 믿지 않고, (의심해서) 이해하면 믿을 수 있다고 삶의 진실을 왜곡해 버립니다.

여기서 우리는 하나의 의문에 도달하게 됩니다. 믿음이 그리도 위험하다면 애초에 믿지 않으면 되는 것 아닐까요? 주변의 모든 타인을 의심하며 살아가면 되지 않을까요? 하지만 우리는 그러지 않습니다. 우리는 끊임없이 타인을 의심하며 그 속내를 간파해 내려 합니다. 왜일까요? 누군가를 믿기 위해서입니다. 정말 그렇지 않나요? 우리가 누군가를 집요하게 의심하는 이유는 믿을 만한 사람인지 아닌지 확인하기 위해서가 아니던가요? 그런 의심의 여정을 멈추지 않는 이유는 믿을 만한 사람을 끝내 찾아내기 위해서가 아니던가요?

어째서 우리는 지독한 불신과 의심 속에서 끝내 믿음을 발견하려 이리도 애를 쓸까요? 안셀무스는 이렇게 답합니다. "믿지 않는 것을 사랑하거나 희망할 수는 없다." 바로 이것이 우리가 지독한 불신과 의심 속에서도 끝내 믿음을 찾으려는 이유입니다. 믿음이 있는 곳에 사랑과 희망이 있기 때문입니다.

믿음의 필요성에 대해 안셀무스는 분명하게 말합니다. "인간 영혼이 최고본질을 추구하고 그것을 사랑하기 위해서는 반드시 필요한 것을 믿는 것이 유익하다. 이로써 최고본질을 믿음에 따라 추구할 수 있게 된다." 안셀무스가 말하는 '최고본질'은 무엇일까요? 철학자이자 신학자였던 안셀무스에게 최고본질은 '신'이었지만, '행복'이라고 생각해도 좋습니다. 이제 안셀무스의 말은 이렇게 바꿀 수 있습니다. "인간이 행복을 추구하기 위해서는 반드시 필요한 것을 믿는 것이 유익하다. 이로써 그 행복을 믿음에 따라 추구할 수 있게 된다."

우리는 언제 행복할까요? 누군가를 온 마음으로 믿을 때입니다. 소중한 사람들, 예컨대 친구나 연인, 부모가 내게 행복을 주는 이유는 무엇일까요? 더 적게 의심하고 더 많이 믿기 때문 아닐까요? 그들이 주는 행복의 크기는 내 믿음의 크기와 같을 겁니다. 바로 그렇기에 믿음이 있는 곳에 사랑과 희망이 있습니다. 믿음은 이해를 낳고, 그 이해를 통해 사랑과 희망이 커져만 갈 테니까요.

물론 알고 있습니다. 각박하고 험한 세상이라 입을 모아 말하지요. 모든 사람을 믿을 수는 없을 겁니다. 하지만 그럼에도 불구하고 우리는 한 사람이라도 더 믿으려고 애를 써야 합니다. 동시에 얕은 믿음에서 조금 더 깊은 믿음으로 나아가려 애쓰며 살아야 합니다. 온 마음으로 믿게 되는 이가 한 사람이라도 늘어난다면, 얕았던 믿음이 조금 더 깊어진다면, 우리 행복은 그만큼 더 커지게 될 테니까요.

이해해서 믿으려고 하지 마세요. 폭포가 아래에서 위로 흘러간다는 말처럼 허황한 일이니까요. 먼저 한 사람을 믿으세요. 그 믿음으로 한 사람을 진정으로 이해하게 되었을 때 '사랑'이 시작됩니다. 그렇게 사랑이 시작되면 우울하고 절망적인 마음에 '희망'이 차오를 겁니다. 그렇게 우리네 삶에 '행복'이 찾아옵니다. 왜 타인을 믿어야 하냐고요? '행복'은 '믿음'에서 시작되기 때문입니다.

DAILY PHILOSOPHY

"살토 모탈레!"

어떻게 하면 타인을 믿을 수 있을까요? 살토 모탈레! 웬만해선 다른 사람을 믿으려 하지 않는 이들이 마음에 새겨야 하는 문구입니다. '살토 모탈레(Salto Mortale)'는 '목숨을 건 도약'이라는 의미입니다. 눈앞에 낭떠러지가 있습니다. 그것이 1미터인지 10미터인지 아니면 끝도 보이지 않는 천 길 벼랑인지 알 수 없습니다. 그 낭떠러지 앞에서 두 눈을 질끈 감고 뛰어내리는 것, 바로 이것이 목숨을 건 도약입니다.

한 사람을 진정으로 믿는다는 것은 바로 이런 목숨을 건 도약과 같은 일입니다. 진정한 믿음은 '이해(의심) 뒤의 믿음'이 아니라 '이해(의심) 없는 믿음'입니다. 얼마나 위험한 일인가요? 누군지도 모르는 상대를 온전히 믿어버리다니, 얼마나 위험하고도 무모한가요? 내가 믿는 그 사람이 사기꾼인지도, 사이비 종교인인지도 모르는 마당에 말입니다.

믿음은 낭만적이지 않습니다. 믿음은 위험이라는 나무의 그림자이기 때문입니다. 모든 나무(위험)를 베어버리면 그림자(믿음) 역시 사라지게 됩니다. 우리는 위험을 감당하는 만큼만 믿음에 이를 수 있습니다. 크고 작은 위험을 감수하는 도약이 없다면 진정한 행복으로 가닿게 해줄 믿음은 애초에 요원한 일입니다.

하지만 이 위험한 도약은 결코 강압적인 일이 아닙니다. 위험한 도약이 공포만 담고 있는 건 아닙니다. 우리는 아무 낭떠러지 앞에나 서지 않습니다. 그곳은 너무 위험하니까요. 그렇다면 어떤 낭떠러지 앞에 서게 될까요? 우리를 매혹하는 풍경이 펼쳐진 낭떠러지입니다. 온 마음을 사로잡는 풍경을 따라 한 걸음씩 다가서다, 자신도 모르는 사이 낭떠러지 앞에 서게 됩니다. 그러니 '살토 모탈레'는 공포뿐만 아니라 매혹마저 담고 있는 도약인 셈입니다.

공포와 매혹! 거부와 끌림! 일상과 일탈! 그 치명적인 낭떠러지 앞에서의 도약. 바로 이것이 '살토 모탈레'의 진정한 의미입니다. 믿음은 어렵고 드문 일입니다. 믿으라고 한다고 믿음이 생기진 않으니까요. 오직 매혹적인 풍경에 이끌려 낭떠러지 앞에 서게 되듯, 매혹적인 타자에 이끌려야만 위험천만한 절벽 앞에 서게 됩니다. 오직 그곳에서만 목숨을 건 도약이 가능합니다. 아무 낭떠러지에서 뛰어내릴 필요도 없고, 그럴 수도 없을 겁니다. 우리가 흔히 만나는 낭떠러지는 그저 피하고 싶은 위험뿐인 곳이니까요.

우리가 뛰어내려야 하는 곳은 매혹적인 타자의 손짓에 이끌려 간 낭떠러지입니다. 그곳은 위험뿐 아니라 묘한 기쁨마저 뒤엉킨 절벽일 겁니다. 바로 그곳이 우리가 용기를 갖고 두 눈을 질끈 감은 채 뛰어내려야 하는 낭떠러지입니다. 위험하지만 매혹적인 타자가 나타났다면, 크고 작은 손해나 상처, 위험은 잊고 그에게 뛰어내리세요. 그 도약이 바로 진정한 믿음입니다. 도약해 보면 알게 될 겁니다. 절벽이 아니라 사랑, 희망, 행복이라는 새로운 세계가 있다는 사실을요.

친구는 누구일까?

친구의 ‘도움’이 아니라

친구가 도와줄 것이라는 ‘믿음’이

당신을 돕는다

친구들의 도움이 우리를 돕는 것이 아니라 '친구들이 도와줄 것이다' 라는 믿음이 우리를 돕는다.

– 에피쿠로스

세상살이 참 각박합니다. 대출금을 갚아야 하고, 그 대출금을 갚기 위해 직장에서 끊임없이 경쟁하며 눈치 봐야 합니다. 턱없이 부족한 월급 통장을 보며 다른 돈벌이는 없나 끝없이 기웃거려야 합니다. 이런 각박한 세상살이에 지칠 때면 우리는 친구를 찾습니다. 경쟁하지 않아도 되고, 눈치 보지 않아도 되는 마음 편한 친구를 만나 잠시 쉬고 싶은 것이지요. 그런데 혹시 그런 친구를 만나고 돌아오는 길에 마음 한구석이 헛헛해지는 기분을 느낀 적은 없나요?

친구를 만나 이런저런 옛이야기에 웃고 떠들 때는 좋지만, 집으로 돌아오는 길에 알 수 없는 공허감을 느끼곤 합니다. 그 공허감의 정체는 무엇일까요? '친구가 지금 내 문제를 해결해 줄 수는 없잖아.' 바로 이것입니다. 친구는 각박한 세상살이를 잠시 잊게 해줄 뿐, 우리 삶의 구체적인 문제(대출, 생활비, 재테크, 직장생활, 경쟁, 눈치 보기…)를 해결해 주진 못합니다. 흔한 친구는 마치 술과 같은 존재입니다.

괴로운 동시에 해결하기 어려운 문제에 시달릴 때 진탕 술을 마시는 이들이 있습니다. 술을 마셔 문제를 잠시 잊어보려는 것입니다. 그런데 술이 깨면 어떨까요? 문제가 해결되기는커녕 더 소모적인 방식으로 그 문제를 악화시켰다는 생각에 더욱 불쾌하고 우울한 기분에 시달리게 됩니다. 흔한 친구와의 만남 역시 이런 양상을 반복하게 되는 경우가 많습니다. 그래서 친구를 만나면 으레 술을 마시게 되는 건지도 모르겠습니다. 친구와 술은 우리네 삶에서 같은 기능을 하게 될 때가 있으니까요. 하지만 이런 술과 같은 친구는 진정한 친구가 아니라고 봅니다.

그렇다면 진정한 친구는 어떤 친구일까요? '회피'가 아니라 '도움'을 주는 친구입니다. 즉 우리가 당면한 삶의 구체적인 문제에 도움을 줄 수 있어야 진정한 친구라고 할 수 있습니다. 그런 친구와의 관계를 우정이라고 말합니다. 하지만 여기서 주의해야 할 대목이 또 하나 있습니다. '도움'은 '우정'이 아니라 '의존'으로 변질될 가능성을 늘 품고 있다는 사실입니다.

구체적인 예를 들어볼까요? 대출금에 시달릴 때 친구가 대신 갚아주고, 생활비가 부족할 때 친구가 돈을 보태주었다고 해봅시다. 그 친구를 대하는 마음이 우정이 될까요, 의존이 될까요? 아마 십중팔구 의존일 겁니다. 힘들 때 받는 반복적인 도움은 의존이 될 개연성이 아주 높으니까요. 이제 우리는 답답한 마음이 듭니다. 우정은 우리 삶의 구체적 문제에 도움을 줄 수 있어야 합니다. 그런데 그 도움은 의존의 마음을 야기해 우정을 파괴합니다. 이런 우정의 난제를 어떻게 해결할 수 있을까요?

'우정=도움'입니다. 그리고 그 '도움'은 '회피'와 '의존' 사이에 존재합니다. 힘든 문제가 있을 때 그 문제를 회피하려고 만나는 관계는 우정이 아닙니다. 또한 힘든 문제를 직접 해결해 줄 관계 역시 의존일 뿐 우정은 아닙니다. 그렇다면 '우정의 도움'은 어떤 것일까요? 에피쿠로스는 이렇게 답합니다. "친구들의 도움이 우리를 돕는 것이 아니라 '친구들이 도와줄 것이다'라는 믿음이 우리를 돕는다." 이는 어떤 의미일까요?

직장을 그만두고 홀로 글을 쓰는 삶에 지쳐, 모든 것을 포기해 버리고 싶었던 적이 있습니다. 그때 한 친구와 등산을 했습니다. 술을 진탕 마시려는 '회피'도 아니었고, 내 문제를 친구가 모조리 해결해 주기를 바라는 '의존'도 아니었습니다. 그날 등산길에서 누구에게도 받지 못한 도움을 받았습니다. 그것은 '믿음'이었습니다. '나에게 힘든 일이 있을 때 저 친구가 반드시 도와주겠구나'라는 믿음. 그 든든한 믿음으로 다시 힘든 세상살이로 들어가 내 삶을 일으켜 세울 수 있었습니다. 이것이 진정한 우정의 도움입니다.

도움을 주지 않는다면 친구가 아닙니다. 하지만 그 도움은 우리 삶의 문제를 전적으로 해결해 주는 도움이 아닙니다. 진정한 우정의 도움은 친구가 언제든 우리를 도와줄 것이라는 믿음입니다. 그 믿음으로 스스로 곤경을 헤쳐 나갈 힘과 용기를 얻게 되는 일. 그것이 다른 누구도 결코 줄 수 없는, 오직 진정한 친구만이 줄 수 있는 도움입니다.

우리가 경제적으로 힘들 때 친구가 돈을 건네줄 수도 있습니다. 그 돈은 진정한 우정의 도움이 될 수도 있고, 그렇지 않을 수도 있습니다. 만약 우리가 거기서 돈 자체, 즉 경제적 가치만 본다면 그것은 우정의 도움이 아니라 회피와 의존으로 전락하게 될 겁니다. 하지만 그 돈에서 경제적 가치가 아니라 믿음, 즉 '언제든 저 친구가 나를 도와줄 것'이란 믿음을 볼 수 있다면 우리는 진정한 우정의 도움을 받게 됩니다. 그렇게 진정한 도움을 받았다면 친구에게 돈을 받을 필요가 없습니다. 진정한 우정의 도움, 즉 믿음은 스스로 삶을 헤쳐 나갈 힘을 주니까요.

이제 하나의 질문만 남습니다. 그런 진정한 우정은 어디서 올까요? '그 친구는 언제든 나를 도와줄 거야'라는 믿음은 어디서 오는 걸까요? 다시, 친구와 등산한 이야기를 조금 더 이어가 보겠습니다. 당시 등산은 온갖 걱정 탓에 불안, 우울, 두려움으로 가득 찬 머릿속을 비우려 계획한 것이었습니다. 그런데 등산길에 또 하나의 걱정거리가 생겨 버렸습니다. 거칠어진 호흡과 후들거리는 다리로 산을 오르는 친구 때문이었습니다. 그 친구가 너무도 걱정되었습니다.

나는 친구가 들고 있던 무거운 짐을 대신 들고 산을 올랐습니다. 그리고 숨이 턱까지 차며 정상에 올랐을 때 깨달았습니다. '내가 힘들 때 언제든 너도 나를 도와주겠구나.' 그런 믿음을 얻게 된 것이지요. 도대체 내 마음속에서는 어떤 일이 벌어졌던 걸까요? 나는 산을 오르는 내내 단 한 번도 친구에게 도움받을 것을 생각하지 않았습니다. 대신 내가 친구를 어떻게 도와주어야 하는지만 생각했습니다.

바로 그때 깨달았습니다. '내가 저 친구를 생각하는 마음처럼, 저 친구도 나를 생각하고 있겠구나!' 이것이 바로 우정의 도움, '내게 무슨 일이 생기면 저 친구가 도와줄 것'이라는 믿음입니다. 왜 흔한 친구가 믿음이 아니라 회피나 의존의 대상이 되는지 알겠습니다. 세상 사람들은 친구에게 도움을 바라기만 할 뿐, 정작 자신이 친구를 진심으로 도와줄 생각은 하지 않기 때문입니다.

'정말 힘들 때는 나도 너를 도와주지 않을 텐데, 너라고 나를 도와주겠어?', '나는 너를 도와줄 생각이 없지만 너는 나를 도와줬으면 좋겠어.' 세상 사람들이 흔한 친구를 대하는 은밀한 속내일 겁니다. 전자의 마음은 우정을 회피("술이나 진탕 마시자")로, 후자의 마음은 우정을 의존("내 문제 좀 해결해줘")으로 전락시킵니다. 역설적이게도 친구의 도움은 친구에게 달린 것이 아니라 우리 자신에게 달려 있습니다.

자신이 어떤 곤경에 처하더라도, 반드시 도와줄 친구가 있나요? 만약 그런 친구가 한 명이라도 있다면 그 어떤 곤경도 능히 헤쳐 나갈 수 있을 겁니다. 그 친구가 우리에게 '네게 무슨 일이 생기면 반드시 너를 도우러 갈게!'라는 믿음을 줄 테니까요.

진정한 우정을 찾고 있나요? "친구들의 도움이 우리를 돕는 것이 아니라 '친구들이 도와줄 것이다'라는 믿음이 우리를 돕는다." 이 말의 행간을 읽어야 합니다. 그 행간의 의미를 마음에 담아야 합니다. "무슨 일이 있을 때 도움받을 친구가 아니라 무슨 일이 있더라도 도움을 줄 친구를 찾으라!"

DAILY
PHILOSOPHY

백척간두진일보 시방세계현전신!

– 무문혜개

'나를 돌보지 않음으로 나를 돌본다.' 사랑과 우정의 역설이지요. 누군가를 진심으로 사랑하거나 좋아하면 자신을 돌볼 수가 없습니다. '나'보다 '너'가 더 걱정되기 때문입니다. '나'보다 더 걱정되는 '너'가 있나요? '나'보다 먼저 돌봐야 하는 '너'가 있나요? 그런 '너'가 없다면 '나'는 반드시 세상살이에 짓눌려 질식하게 될 겁니다.

많은 이들이 자신을 제대로 돌보지 못합니다. 사랑과 우정이 상실된 시대이기 때문입니다. 모두들 온통 '나'의 걱정에 빠져 '나'를 돌볼 생각뿐입니다. 얼핏 보면 합리적인 자세 같습니다. 지금처럼 각박한 세상에서 '나' 스스로를 돌봐야 할 것 같습니다.

하지만 그보다 어리석은 생각도 없습니다. '자기 걱정'과 '자기 돌봄'은 필연적으로 불행해집니다. 어려운 말도 아니지 않나요? 항상 자기 것만 챙기려 하는 사람을 누군들 도와주고 싶을까요? 온통 자기 걱정에 휩싸여 자기만 돌보려는 사람은 결국 혼자 남겨질 수밖에 없습니다.

'사랑과 우정은 선택 사항이다.' 자본의 시대, 아니 야만의 시대가 왜곡한 삶의 진실입니다. 이 왜곡된 삶의 진실을 바로 잡을 시간입니다. 사랑과 우정은 결코 삶의 선택 사항이 아닙니다. 사랑과 우정이 증발한 자리에 남는 것은 더 큰 불안과 더 깊은 허무뿐이니까요. 자본의 시대, 야만의 시대에서 가장 중요한 것은 바로 사랑과 우정입니다.

각박한 세상살이 씩씩하게 헤쳐 나가고 싶은가요? 선가(禪家)의 오래된 깨달음을 하나 기억할 필요가 있습니다. "백척간두진일보 시방세계현전신(百尺竿頭進一步 十方世界現全身)!" 백 척이나 되는 아찔한 높이의 대나무 끝에서 한 걸음을 내디딜 때 새로운 세계가 펼쳐진다는 의미입니다.

어떻게 하면 야만의 시대에서 '나'를 돌보지 않고 '너'를 돌볼 수 있을까요? 정말이지 백척간두에서 진일보하려는 결단이 없다면 불가능한 일처럼 보입니다. 우리에겐 그 결단이 필요합니다. 백척간두진일보의 심정으로 '나'보다 더 걱정스러운 '너'를 찾아야만 합니다. 그렇게 '너'를 아끼고 보살피며 사랑과 우정을 복원해야 합니다. 그때 우리에게 새로운 세계가 펼쳐질 겁니다.

유쾌한 삶은 어떻게 가능할까?

우울증은

'마음의 감기'가 아니다

정신과 신체에 동시에 관련되는 기쁨의 정서를 쾌감이나 유쾌함이라고 하는 반면, 슬픔의 정서는 고통이나 우울함이라고 한다. 그러나 다음에 주의해야 한다. 즉 인간의 어느 부분이 다른 부분보다 자극을 많이 받을 때 쾌감과 고통이 인간에게 관계하지만, 인간의 모든 부분이 자극받을 때는 유쾌함과 우울함이 인간에게 관계한다.

– 스피노자

우울해 본 적이 있나요? 우울. 어느 순간 불쑥 찾아와 우리네 삶을 멈추는 불청객입니다. "일은 해서 뭐해", "밥은 먹어서 뭐하겠어." 어떤 일을 해도 내 삶이 더 나아질 것 같지 않고, 그 어떤 일도 다 의미 없는 것처럼 느껴집니다. 그런 우울한 마음은 일상의 동력을 점점 갉아먹습니다. 우울이 찾아오면 별 탈 없이 유지하던 일상에 크고 작은 문제가 생기기 마련입니다. 가벼운 우울감이든, 그것이 지속되어 자리 잡은 우울증이든 우리네 삶에 크고 작은 문제를 일으킵니다.

우울증은 크게 두 가지 증상으로 우리를 찾아옵니다. '무기력'과 '심각함'입니다. 우울하면 무기력해집니다. 무기력이 만성화되면 별일 아닌데도 지나치게 심각한 일로 받아들입니다. "꽃도 지는데 살아서 뭐하겠어." 한 번도 우울해 보지 않은 이들은 결코 이해할 수 없겠지만, 이것이 우울의 무기력이 만성화될 때 촉발하는 심각함의 정서입니다.

우울이 촉발하는 '무기력'이 일상을 이어갈 동력을 잠식한다면, 우울이 촉발하는 '심각함'은 삶 자체를 잠식합니다. 우울증이 심할 때 자살처럼 극단적인 선택을 하게 되는 것도 바로 이런 이유 때문일 겁니다. 다른 이에게는 지극히 사소한 일조차 자신에게는 지나치게 심각한 일로 여겨질 때, 점점 더 궁지에 몰린 기분에 휩싸이게 되니까요.

흔히 우울증을 마음의 감기라고 합니다. 어떻게 이런 비유가 생겼는지 알 듯도 합니다. 우울증은 감기처럼 흔하고 곧 지나갈 일이니 너무 심각하게 생각하지 말라는 것이지요. 이런 태도가 정말 도움이 될까요? 오히려 우울증을 너무 가벼이 여기게 만드는 것은 아닐까요? 그 때문에 크고 작은 우울한 마음이 찾아왔을 때, 무기력에서 심각함으로 너무 쉽게 전이되도록 방치하는 건 아닐까요?

우울증은 감기가 아닙니다. 대부분의 경우 감기는 시간이 지나면 자연적으로 치유됩니다. 하지만 우울증은 그렇지 않습니다. 몇몇 예외의 경우가 아니라면 자연적 치유가 불가능합니다. 우울한 사람은 시간이 지날수록 점점 더 우울해지기 쉽습니다. 작은 우울이 찾아왔을 때 그것을 너무 크게 생각할 필요는 없습니다. 하지만 그렇다고 가벼이 여겨서도 안 됩니다. 우울한 마음은 가장 먼저 '삶의 동력'을 앗아가고, 그다음 '삶의 의미'를 앗아가고, 그다음 '삶 자체'를 앗아갈 수도 있는 질병이기 때문입니다.

그렇다면 어떻게 우울한 마음을 끊어내고 유쾌한 마음으로 나아갈 수 있을까요? 먼저 '우울'과 '유쾌'가 무엇인지 알아봅시다. 스피노자는 '우울'을 '정신과 신체에 동시에 관련되는 슬픔의 정서'로, '유쾌'를 '정신과 신체에 동시에 관련되는 기쁨의 정서'로 정의합니다. 어려운 말이 아닙니다. 우울과 유쾌는 정신에만 관련된 것이 아니라 '정신-신체' 모두에 관련된 마음 상태라는 말입니다. 정말 그렇지 않나요? 우울증은 왜 생길까요? 그저 우울한 생각(정신)을 많이 해서일까요? 그런 일은 결코 일어나지 않습니다.

우울은 반드시 우리의 신체에 억압을 가하는 외부적 조건(가정, 학교, 군대, 직장 등) 때문에 발생합니다. 불행한 가정에서 자란 아이도 종종 기쁜 생각을 하지만 너무 쉽게 우울에 빠집니다. 반대로 행복한 가정에서 자란 아이도 때로 슬픈 생각(정신)을 할 수 있지만 좀처럼 우울해지지는 않습니다. 이는 우울이 단지 정신에 국한하지 않고 우리 신체에 영향을 미치는 외부적 조건에 큰 영향을 받기 때문일 겁니다.

다른 경우도 마찬가지입니다. 신체를 활성화하는 곳(놀이터, 체육관, 여행지 등)에서는 좀처럼 우울증이 발생하지 않지만, 신체를 과도하게 억압하는 장소(학교, 군대, 직장 등)에서는 우울증이 쉽게 발생하곤 합니다. 우울은 비단 정신적인 문제만이 아닙니다. 정신적인 문제는 오히려 신체적 문제에 따른 부차적인 것입니다. 폭력적인 가정, 학교, 군대, 직장에서 가해진 '신체적' 억압은 필연적으로 '정신적' 슬픔을 촉발하게 되니까요.

신체적 억압이 촉발한 정신적 슬픔(분노, 증오, 억울함 등)이 무의식적으로 뒤엉킬 때 발생하는 복잡하고 모호한 슬픔, 그것이 바로 우울의 정체입니다. 이제 우울에서 벗어나 유쾌로 나아갈 한 가지 방법을 얻게 됩니다. 신체를 활성화(기쁨)하는 일입니다. 우울은 근본적으로 신체의 억압(비활성화: 슬픔)에서 발생하는 것이니까요. 그런데 여기서 조심해야 할 점이 있습니다.

신체를 활성화하는 데는 두 가지 방식이 있습니다. '쾌감'과 '유쾌'입니다. 두 가지 모두 신체를 활성화하지만 '쾌감'은 우울을 치유하기는커녕 더 큰 우울을 야기할 수도 있습니다. 우울을 치유할 신체의 활성화는 오직 '유쾌'를 통해서만 가능합니다. 그렇다면 쾌감과 유쾌는 어떻게 다를까요?

스피노자는 쾌감이 '인간의 어느 부분이 다른 부분보다 자극을 많이 받을 때' 느끼는 기쁨이고, 유쾌는 '인간의 모든 부분이 자극받을 때 느끼는' 기쁨이라고 말합니다.

이 또한 전혀 어려운 말이 아닙니다. 자위나 게임은 전형적인 쾌감이고, 섹스나 운동은 대표적인 유쾌라고 할 수 있습니다. 자위와 게임은 왜 쾌감일까요? 자위와 게임은 분명 신체를 활성화하는 일이긴 하지만 특정한 부분(성기와 눈, 손가락)의 활성화에 그칩니다. 자위를 할 때는 성기만 활성화(기쁨)되고, 게임을 할 때는 눈과 손가락만 활성화(기쁨)되니까요.

하지만 섹스와 운동은 다릅니다. 사랑하는 이와 섹스할 때 신체의 한 부분만을 사용하진 않습니다(그런 섹스라면 자위와 다를 바 없습니다). 온몸으로 사랑을 나눈다는 것은 우리 신체의 모든 부분이 자극되며 기쁨(활성화)을 느낀다는 의미입니다. 좋아하는 운동을 할 때도 마찬가지입니다. 그럴 때 우리는 신체의 모든 부분이 자극되며 기쁨(활성화)을 느끼게 됩니다. 이렇게 우리 신체의 모든 부분이 자극되며 느껴지는 기쁨(활성화)이 바로 유쾌함입니다.

바로 이 '유쾌함'이 우울을 치유할 묘책입니다. 정말 그렇지 않나요? 아무리 깊은 우울이 찾아와도 사랑하는 이와 온몸으로 사랑을 나눌 때면 우울은 이미 저만치 물러나 있지 않았나요? 사랑하는 이와 온몸으로 나누는 섹스는 언제나 삶을 더욱 활력적으로 만들어 주는 유쾌함을 선물하기 때문입니다. 아무리 깊은 우울이 찾아와도 땀이 흠뻑 날 정도로 달리고 나면 우울은 이미 저만치 물러나 있지 않았나요? 숨이 턱까지 찰 정도의 운동은 언제나 삶을 더욱 활력적으로 만들어 주는 유쾌함을 선물하기 때문입니다.

우울한 삶을 넘어 유쾌한 삶으로 나아가고 싶은가요? '정신'에서 눈을 떼고 '신체'에 주목하세요. 몸 일부가 아닌 온몸의 활성화! 바로 유쾌한 삶의 비법입니다.

DAILY
PHILOSOPHY

우리는 모든 육체적 고통을 무시해도 된다. 왜냐하면 심한 고통을 야기하는 것은 지속 기간이 짧으며, 우리 삶에 오래 남는 것은 경미한 통증만을 야기하기 때문이다.

– 에피쿠로스

운동하세요! 우울증에서 벗어나는 방법은 이렇게 간명합니다. 그러나 쉬운 일임에도 불구하고 왜 우울한 이들은 운동을 하지 않을까요? 운동은 고통스럽기 때문입니다. 그렇다면 우울한 이들은 왜 고통을 피하려 할까요? 단순히 힘들기 때문일까요? 아닙니다. 그들이 운동의 고통을 견디지 못하는 근본적인 이유는 '고통'과 '우울'을 구분하지 못하기 때문입니다. 스피노자에 따르면 '고통'은 신체의 어느 부분이 자극받을 때의 슬픔이고, '우울'은 모든 부분이 자극받을 때의 슬픔입니다.

우울한 이는 이미 모든 부분에서 슬픔에 휩싸여 있기 때문에 다른 슬픔도 모두 피하고 싶어 합니다. 이미 슬픔(우울)이 가득한데 또 다른 슬픔(고통)을 더하는 일은 하고 싶지 않은 거지요. 이것이 우울한 이가 운동을 하지 않는 이유입니다. 운동은 필연적으로 고통을 수반하니까요. 하지만 모든 슬픔이 필연적으로 더 큰 슬픔이 되는 것은 아닙니다. 어떤 슬픔(고통)은 잠시 뒤에 큰 기쁨으로 이어지기도 합니다.

사랑이 그렇지 않나요? 사랑은 고통이지요. 나와 삶의 규칙이 다른 이를 품는 사랑은 고통스러운 일입니다. 하지만 그 고통은 슬픔으로 끝나지 않지요. 그 무엇도 줄 수 없는 크나큰 기쁨을 줍니다. 운동 역시 그렇습니다. 우울에 잠식당한 이에게 몸을 움직이는 일은 고통스럽습니다. 하지만 그 고통은 슬픔으로 끝나지 않습니다. 자신의 우울을 치유할 유쾌함을 선물하니까요. 운동의 고통은 우울을 더하는 슬픔이 아닙니다. 그 고통은 이내 유쾌함으로 전환될 기쁜 슬픔입니다. 우울한가요? 쓸데없는 생각은 하지 말고 움직여 보는 건 어떨까요.

왜 무기력해질까?

'객석'을 박차고 나와

자신만의 '무대' 위로 올라설 때

구경꾼의 소외는 다음과 같이 표현된다: 그가 넋을 놓고 바라볼수록 삶의 영역은 축소되며, 이러한 지배적 이미지들 속에서 자신의 모습을 발견할수록 무엇이 진정 자신의 삶이고 욕망인지 알 수 없게 된다.

– 기 드보르

월요일 아침 출근길에 사람들의 표정을 살핀 적이 있나요? 새로운 한 주, 새로운 하루가 시작되는 시간이지만 활기는커녕 온통 어두운 무기력이 내려앉아 있을 뿐입니다. 이것은 비단 어느 날 아침 출근길의 풍경만은 아닐 겁니다. 우리는 종종 무기력해집니다. 모든 것이 무의미하게 느껴져 아무 일도 하고 싶지 않을 때가 수시로 찾아오지요. 이런 무기력은 대체 어떤 상태일까요? 그저 힘이 없는 상태일까요?

세상 사람들은 '무기력'과 '피로'를 혼동하곤 합니다. 무기력과 피로는 다릅니다. 역설적이게도 피로는 '활력'입니다. 정확히 말해 피로와 활력은 동전의 앞뒷면 같은 관계입니다. 피로는 어떤 일에 집중(활력)하느라 기력이 일시적으로 소진된 상태입니다. 이런 피로 상태는 잠시 휴식을 취하면 이내 다시 활력적인 상태가 됩니다. 하지만 무기력은 다르지요. 무기력은 만성적으로 지쳐 있는 상태라고 말할 수 있습니다. 이는 휴식을 취한다고 해서 사라지지 않습니다.

흔히 무기력한 상태를 아무것도 하지 않는 상태라고 생각합니다. 이는 무기력에 대한 대표적인 오해입니다. 무기력은 '휴식'과 '몰입'의 동시적 상태입니다. 즉 무기력한 이들은 이미-항상 휴식 상태이며 동시에 이미-항상 몰입 상태입니다. 주변에 무기력한 이들을 살펴보세요. 대부분 휴식이라고 여길 만한 일(게임, SNS, 짧고 자극적인 영상 등)에 늘 몰입해 있습니다.

무기력한 이들은 모든 것이 무의미하게 느껴지는 상태를 벗어나고자 또다시 의미 없는 것들(게임, 영상 등)을 채워 넣으려 합니다. 이런 무의미와 무의미 사이를 동시적인 '휴식-몰입'으로 끊임없이 채워 넣는 악순환이 바로 무기력의 정체입니다. 그렇다면 무기력은 왜 발생하게 되는 걸까요?

드보르의 표현을 빌려 말하자면 '무엇이 진정 자신의 삶이고 욕망인지 알지 못하기' 때문입니다. 무기력한 이들은 왜 활력이 없을까요? 왜 무의미한 게임, 드라마, 인스타그램, 유튜브에 빠져 지내는 것일까요? 자신의 삶이 무엇이고 자신의 욕망이 무엇인지 알지 못하기 때문입니다. 만약 자신의 삶이 무엇이고 욕망이 무엇인지 명료하게 알게 되면 그들 역시 무기력이 아닌 활력적인 삶으로 나아갈 수 있겠지요.

그렇습니다. 무기력은 자신의 삶과 욕망에 대한 인식의 부재에서 옵니다. 그렇다면 무기력한 이들은 왜 다른 누구도 아닌 바로 자신의 삶과 욕망에 대해 알지 못할까요? 무기력한 이들은 항상 '구경꾼'에 머물기 때문입니다. 기 드보르는 이렇게 말합니다. "그가 넋을 놓고 바라볼수록 삶의 영역은 축소되며, 이러한 지배적 이미지들 속에서 자신의 모습을 발견할수록 무엇이 진정 자신의 삶이고 욕망인지 알 수 없게 된다." 전혀 어려운 말이 아닙니다. 구경꾼은 어떤 사람일까요? 자기 주위에서 일어나는 일에 적극적으로 개입하지 않고 그저 '넋 놓고 바라보는' 사람이지요. 이런 이들의 '삶의 영역이 축소'되는 것은 필연적인 결과입니다.

'먹방'의 구경꾼들을 생각해 볼까요? 이들은 다른 사람이 먹는 모습을 '넋 놓고 바라봅'니다. 이런 구경꾼들은 대리만족, 즉 다른 사람이 먹는 모습을 보는 것으로 이미 자신의 욕망이 어느 정도 해소되었다는 착시(착각)에 빠집니다.

그러한 착시는 우리네 삶에 어떤 영향을 미칠까요? 필연적으로 자기 삶의 영역(자신이 직접 맛있는 음식을 만들고 먹는 일)을 축소시킵니다. 그 과정에서 그들은 당연히 자기가 무슨 음식을 좋아하고 싫어하는지 점점 더 알지 못하게 되겠지요. 이처럼 '지배적인 이미지(먹방)들 속에서 자신의 모습을 발견하면 할수록 무엇이 진정으로 자신의 삶이고 욕망인지 알 수 없게' 됩니다.

무기력은 구경꾼의 정서입니다. 주변의 무기력한 이들을

살펴보세요. 하나같이 모두 구경꾼들입니다. 자신의 삶에 개입하지 않고 그저 관망하는 자리에서 멍하니 구경만 하는 이들은 필연적으로 무기력해집니다. 반대로 자신의 삶에 능동적이고 적극적으로 개입하려는 이들은 결코 무기력하지 않습니다. '먹방'을 보는 대신 직접 맛있는 음식을 만들어 먹는 이들의 삶은 어떨까요?

그들은 결코 무기력하지 않을 겁니다. 이런저런 재료를 통해 새로운 맛을 알게 되고 음식에 대한 호기심이 더욱 늘어갈 테지요. 또 그런 과정에서 어떤 음식을 좋아하는지 알게 된 이들은 자신뿐만 아니라 타인을 위해서도 더욱 적극적으로 음식을 탐구해 나갈 겁니다. 이처럼 삶에 능동적이고 적극적으로 개입하는 이들은 언제나 삶에 활력이 넘칩니다. 오직 '먹방'을 넋 놓고 구경하는 구경꾼만이 무기력할 뿐입니다.

무기력에서 벗어나는 방법은 간명합니다. 구경꾼이 아니라 '주인공'이 되는 겁니다. '객석'에서 박차고 나와 자신만의 '무대' 위로 올라서는 일. 이것이 무기력에서 벗어나는 유일한 해법입니다. 물론 쉬운 일은 아닐 겁니다. 왜 많은 이들이 주인공이 아닌 구경꾼에 머물고 있을까요? 구경꾼의 삶은 안락하기 그지없지만 주인공의 삶은 고되고 불편하기 때문입니다.

정말 그렇지 않나요? 두 사람이 차에 탄 상황을 떠올려 봅시다. 운전석(주인공)에 앉은 이는 신호 보랴 운전하랴 길 찾으랴, 번거롭고 힘든 일이 한두 가지가 아니지요. 반면 조수석에 있는 이는 그저 안락한 자리에 앉아 멍하니 창밖만 바라보면 됩니다. 바로 이것이 많은 이들이 '운전석(주인공)'이 아니라 '조수석(구경꾼)'에 앉으려는 이유일 겁니다. 하지만 잊지 말아야 할 삶의 진실이 하나 있습니다.

운전석에 앉은 이는 멀미를 하지 않지만, 조수석에 앉은 이는 멀미를 하게 된다는 사실입니다. '멀미'는 무기력한 삶이 촉발하는 삶의 혼란일 겁니다. 자신의 삶을 스스로 통제하지 못하는 이들은 언제나 머리가 어지럽고 속이 울렁거리게 마련입니다. 핸들을 잡은 주인공은 고되지만 활력적이고 명료한 삶을 사는 반면, 조수석에 앉은 구경꾼은 편하지만 무기력하고 혼란스러운 삶에 이를 수밖에 없습니다.

어쩌면 우리 삶은 이 둘 가운데 하나를 선택하는 일의 연속인지도 모릅니다. '안락한 무기력이냐, 역동적인 활력이냐?' 따뜻한 욕조 속에 몸 잠그는 것 같은 안락함을 원하나요? 그렇다면 결국 침잠된 무기력에 잠식당할 겁니다. 반대로 비바람 치는 숲속에 서 있는 것 같은 역동성을 기꺼이 감당한다면 결국은 햇살이 비치는 활력에 가닿게 될 겁니다.

어떤 삶을 선택할 것인지는 각자의 몫입니다. 하지만 안락한 구경꾼의 삶은 불행하고, 역동적인 주인공의 삶은 행복하리라는 삶의 진실만은 결코 변하지 않을 겁니다.

DAILY
PHILOSOPHY

인간의 특권적인 감각을 시각에서 찾는 경향이 있다. 하지만 다른 시대에 인간의 특권적인 감각은 촉각이었다. 스펙터클은 그것을 시각으로 대체한다.

– 기 드보르

보지 말고 만지세요! '구경꾼'이 아닌 '주인공'으로 살아가는 일은 대단히 어렵거나 특별한 일이 아닙니다. 구경꾼과 주인공의 근본적인 차이는 무엇일까요? 시각적 차이일까요? 전혀 그렇지 않습니다. 주인공도 자신의 '삶'을 보고, 구경꾼도 자기 앞에 있는 '화면'을 보고 있으니까요. 둘의 근본적인 차이는 시각이 아닌 촉각에 있습니다. 주인공은 '삶 속'에 있기에 볼 수 있을 뿐 아니라 만질 수도 있지만, 구경꾼은 '화면 앞'에 있기에 볼 수 있을 뿐 만질 수는 없지요.

오늘날 우리는 인간의 특권적인 감각을 시각에서 찾는 경향이 있습니다. 하지만 이는 삶의 진실을 모르는 이야기입니다. 유구한 문명 속에서 인간의 특권적인 감각은 언제나 촉각이었습니다. '보기'보다 '만짐'이 인간의 보편적인 감각이었지요. 다만 우리 시대가 다른 시대보다 특정한 구경거리(스펙터클)인 화면(텔레비전, 스크린, 컴퓨터, 스마트폰 등)에 너무 길들어졌기 때문에, 특권적인 감각을 시각이라고 오해하는 것뿐입니다. 바로 이 오해가 우리를 점점 구경꾼으로 몰아가는 것인지도 모르겠습니다.

무기력에서 벗어나 활력 넘치는 삶으로 나아가고 싶나요? 시각적 경험을 줄이고 촉각적 경험을 늘려야 합니다. '먹방'을 끄고 직접 음식을 만들어 먹어 보세요. 축구 중계를 끄고 운동장으로 나가 공을 힘껏 차보세요. '야동'이나 멜로 영화를 끄고 사랑하는 이와 포옹하고 키스를 나누세요. 그 때 우리는 객석의 무기력한 구경꾼에서 무대의 역동적인 주인공이 되어 있을 겁니다.

어느 날 문득 내가 낯선 이유는?

버려진 무의식 속에

울다 지쳐 잠든 나를

따뜻하게 끌어안기

나는 존재하지 않는 곳에서 생각한다. 그러므로 나는 생각하지 않는 곳에 존재한다.

– 자크 라캉

누구나 자신이 낯설어지는 경험이 있습니다. 자신이 온화하다고 믿었던 이가 복싱의 거칠고 폭력적인 매력에 사로잡히는 경우가 있습니다. 스스로 정숙하다고 믿었던 이가 바차타(사교댄스의 한 종류)의 관능적이고 끈적한 매력에 빠져 버린 경우도 있습니다. 자기가 소심하다고 믿었던 이가 대중 앞에서 연설하는 매력을 알게 되는 경우도 있지요. 이는 모두 '자기 낯섦'의 경험입니다.

이런 자기 낯섦, 즉 낯선 나를 만나게 되는 기묘한 일들은 왜 벌어지는 것일까요? 먼저 라캉의 난해한 이야기를 살펴봅시다. "나는 존재하지 않는 곳에서 생각한다." 이 수수께끼 같은 말은 어떤 의미일까요? 한 남자가 카페에서 차를 마시고 있다고 해봅시다. 라캉의 말에 따르면, 남자는 그 카페가 아닌 곳에서 생각하고 있다는 말이 됩니다. 그 남자는 존재하지 않는 곳에서 생각하고 있을 테니까요.

라캉의 말이 옳다면, 남자는 지금 그 카페가 아니라 도대체 어디서 생각하고 있는 걸까요? 질문을 바꿔봅시다. 남자는 무슨 생각을 하며 그 카페에 앉아 있었을까요? 그는, 카페를 지나 학원을 향하는 어두운 표정의 아이들을 보며 안쓰러운 한편 화가 나기도 합니다. 이것은 과연 남자가 카페에 앉아서 한 생각이었을까요? 아닙니다. 어린 시절, 이유도 알지 못한 채 집과 학원을 오가기만 반복했던 자신의 과거 속에서 한 생각이었습니다.

그 남자가 카페 앞을 지나가는 아이들을 보며 안쓰러워했던 이유는 어린 시절의 자신을 다시 만났기 때문입니다. 남자가 그 아이들을 보며 화가 났던 건 다시 만난 과거의 자신을 여전히 아무도 도와주지 않았기 때문입니다. 다시 물어보겠습니다. 지금 그 남자는 어디에 있는 걸까요? 카페일까요? 아닙니다. 이제 너무 희미하고 흐릿해져 불투명하고 혼란스러운 자신의 과거 기억 어디쯤입니다.

라캉은 이 기억, 즉 희미하고 흐릿하며 불투명하고 혼란스러운 마음을 '무의식'이라고 합니다. 그 남자는 '카페'가 아니라 '무의식' 속에서 생각하고 있었던 겁니다. 우리는 '의식'한 채 어떤 생각이나 행동을 한다고 여기지만 사실은 전혀 그렇지 않습니다. 우리의 생각이나 행동은 모두 '무의식'에서 이뤄집니다. 이것이 바로 라캉이 "나는 존재하지 않는 곳(무의식!)에서 생각한다"고 말한 속내입니다.

라캉의 말처럼 우리는 정말 우리가 존재하지 않는 곳, 즉 무의식에서 생각합니다. 경제적 여유가 있는데도 돈 생각만 하는 사람이 있지요. 만약 그가 지금 존재하는 곳(부유한 삶)에서 '의식'적으로 생각하고 행동한다면 그런 일은 애초에 벌어질 수가 없습니다. 그가 지금 존재하는 곳은 '무의식'입니다. 그는 바로 그곳에서 생각하고 행동하는 겁니다. 그는 왜 돈이 충분히 있는데도 매일 돈을 아끼고 또 벌 궁리만 하는 걸까요? 어린 시절 가난으로 상처받았던 무의식적 기억 속에서 생각하기 때문입니다.

혹시 여유를 즐기려고 찾은 여행지에서조차 서둘러 일정을 진행하려 한 적은 없었나요? 이는 의식적인 생각이나 행동이 아닙니다. 늘 바쁘게 살아야 한다는 무의식적인 생각, 행동입니다. 매력적인 낯선 이를 만나게 될 때가 있습니다. 하지만 선뜻 다가가 말을 걸지 못하지요. 이 역시 의식적인 생각이나 행동이 아닐 겁니다. 언젠가 낯선 친구에게 다가서려다 상처 입었던 기억 저편 무의식 때문일 거예요. 이처럼 우리는 명료하고 분명한 '의식' 속에서 생각하고 행동하기보다, 불투명하고 혼란스러운 '무의식' 속에서 생각하고 행동하게 됩니다.

"나는 존재하지 않는 곳에서 생각한다. 그러므로 나는 생각하지 않는 곳에 존재한다." 라캉의 난해한 말이 이제 좀 더 분명해집니다. 우리가 실제로 무엇인가를 떠올리게(생각하게) 되는 곳은 '카페(의식적으로 자각하는 장소)'가 아니라 '무의식(내가 존재하지 않는 곳)'입니다. 그러니 우리는 자신이 '존재하지 않는 곳(무의식)에서 생각'하게 되는 것이지요. 또한 우리가 어딘가에 존재한다면 그곳은 자신이 생각하지 않는 곳(무의식)일 겁니다. 그러니 우리는 자신이 '생각하지 않는 곳(무의식)에 존재'하게 되는 셈입니다.

우리가 종종 자기 낯섦을 경험하는 이유를 알 것도 같습니다. 정작 우리가 존재하는 곳은 명료한 의식이 아니라 혼란한 무의식입니다. 자신이 온화하다고 생각하는 이가 실제로 존재하는 곳은 선혈이 낭자한 폭력적인 무의식의 세계일 수 있습니다. 자신이 정숙하다고 생각하는 이가 실제로 존재하는 곳은 온갖 성적 욕망이 분출되는 관능적인 무의식 세계일 수 있습니다. 자신이 소심하다고 믿는 이가 실제로 존재하는 곳은 세상의 관심을 독점하려는 무의식의 세계일 수 있습니다. 그 '무의식' 속의 '나'가 진짜 '나'일 수 있습니다.

그럼에도 불구하고 많은 이들은 명확한 의식의 세계 속 '나'가 진정한 '나'라고 믿으며 삽니다. 바로 이것이 우리가 삶에서 종종 자기 낯섦을 만나게 되는 이유일 겁니다. 낯선 '나'를 만나는 것은 '나'가 존재하지 않는 의식의 세계가 아니라, '나'가 실제로 존재하는 무의식 세계의 '나'를 만나는 일입니다. 어느 날 문득 나 자신이 낯설게 느껴진다면, 불투명하고 혼란한 기억의 파편들인 무의식을 소홀히 대했기 때문입니다. '나'를 진정으로 알고 싶다면, 우리 마음속 깊이 감춰진 무의식을 차분하게 들여다보아야 합니다.

DAILY
PHILOSOPHY

모든 것은 마치 우리의 기억들이 우리 과거 삶의 가능한 무수한 환원들 속에서 수없이 반복되었던 것처럼 일어난다. 전체 기억이 부분 기억으로 좁아질 때 평범한 모습을 띠고, 전체 기억이 부분 기억으로 넓어질 때 개인적인 모습을 띠게 된다. 그렇게 해서 기억들은 무한한 수의 '체계화'를 이루기 시작한다.

– 앙리 베르그손

"과거는 잊어버리고 현재에 집중해야 돼." 흔히 듣는 조언이지요? 하지만 이 말은 틀렸습니다. 이보다 더 삶의 진실을 왜곡하는 조언도 없을 겁니다. 이 말은 틀렸을 뿐만 아니라 유해하기까지 합니다. 현재는 과거의 분출입니다. 지금 내가 어떤 일을 하거나 하지 않는 것은 모두 자기 과거의 분출입니다.

지금 공부해야 한다는 것을 알지만 쉽지 않지요? 지금 사랑을 고백해야 한다는 것을 알지만 잘 되지 않지요? 그것은 현재에 집중하지 않았기 때문이 아닙니다. 지금 공부할 수 없게 만든, 지금 고백할 수 없게 만든 수없이 쌓인 과거를 충분히 조명하지 않았기 때문입니다. 우리 마음에 켜켜이 쌓인 그 과거들을 외면한 채 어떻게 현재에 집중할 수 있을까요? 이는 마치 어린 시절 큰 화재를 겪은 사람에게 지금 불 앞에서 침착하라고 외쳐대는 허망한 이야기와 다를 바가 없습니다.

과거와 다르게 행동해서 다른 삶을 살고 싶은 이들은 많습니다. 하지만 이들은 대체로 여태껏 해오던 대로 행동해서 별반 달라지지 않은 삶에 머뭅니다. 가난하게 살았던 이는 (실제로 가난에서 벗어났든 그렇지 않든) 대체로 가난한 삶에 머무르게 되지요. 소심하게 살았던 이는 대체로 소심한 삶을 이어갑니다. 다르게 행동해서 다르게 살고 싶지만 쉽지가 않습니다.

어떻게 하면 지금 다르게 행동할 수 있을까요? 우리에게는 두 가지 기억이 있습니다. '전체 기억'과 '부분 기억'입니다. '전체 기억'은 우리가 살아오면서 쌓인 기억 전부이고, '부분 기억'은 전체 기억 가운데 실제로 우리 삶을 지배하는 부분적인 기억입니다. 화재를 당한 아이에게 전체 기억은 있겠지만, 그 아이의 삶을 지배하는 기억은 화재와 관련된 부분 기억일 겁니다.

라캉 식으로 말하자면 전체 기억은 무의식에, 부분 기억은 의식에 해당할 테지요. 다르게 행동하는 것은 바로 전체 기억(무의식)의 확장을 의미합니다. 더 정확히 말해, 전체 기억(무의식)에서 유의미한 부분 기억을 확장(의식화)하는 일입니다. 무의식에 갇혀 있는 전체 기억을 기억해 내려 해야 합니다. 그때 우리가 갖고 있는 부분 기억이 넓어질 테고, 그 넓어진 부분 기억만큼 다르게 행동할 수 있게 됩니다.

화재를 당한 아이는 어떻게 화재의 상흔을 딛고 이전과 다르게 행동하며 살아갈 수 있을까요? 불 때문에 불행했던 기억(부분 기억)뿐만 아니라, 가족들과 함께 고기를 구워 먹고 친구들과 캠프파이어를 하며 불 때문에 행복했던 기억(전체 기억)마저 떠올릴 수 있다면, 아이는 분명 다른 행동으로 다른 삶을 살 수 있을 겁니다. 이처럼 기억은 이미 지나가 버린 퇴행적 체계가 아니라 지금 우리네 삶을 바꿀 '무한한 수의 체계화'를 이루어 주는 도구입니다.

뒤집힌 조언을 바로 세울 시간입니다. "현재에 집중하기 위해서는 과거를 기억해야 해!"

단순하게 살 순 없을까?

복잡함보다 단순함이

삶의 진실에 더 가깝다

어떤 명제가 실제로 참이고, 만일 어떤 한 가지가 그 명제를 참으로 만들기에 충분하다면 둘을 가정하는 일은 쓸데없는 일이다.

– 오컴

우리네 삶은 혼란스럽기만 합니다. 그 혼란함은 종종 삶에 과부하를 유발하지요. 정말 그렇지 않나요? 직장 업무, 경력 계발, 영어 공부, 주식 · 부동산 투자, 연애, 결혼, 운동, 경조사 등등 어느 하나 소홀히 할 수 없는 중요한 일들이 넘쳐납니다. 그 무엇도 포기할 수 없는 중요한 문제들이 뒤엉켜 삶은 혼란스럽습니다. 그 혼란이 심해질 때, 삶이 곧 터져버릴 것 같은 과부하가 걸리게 됩니다.

삶이 그토록 혼란한 이유는 무엇일까요? 복잡하게 뒤엉킨 현실적 문제 때문일까요? 그렇지 않습니다. 우리의 혼란스러운 삶은 복잡한 '현실'이 아니라 복잡한 '관념'에 잠식당했기 때문에 벌어진 일일 뿐입니다. '이렇게 하면 앞날이 밝을 거야(희망찬 미래)', '이러지 않으면 앞날이 어두울 거야(절망스러운 미래).' 이런 관념에 잠식당했기 때문에 삶이 곧 터져버릴 만큼 복잡하고 혼란스러워진 것일 뿐입니다.

정말 그렇지 않나요? 우리가 결코 놓을 수 없다고 믿는 현실적 문제(직장 업무, 경력 · 인맥 관리, 재테크 등)는 정말 모두 필요한 것일까요? 그 '필요'는 단지 우리 머릿속에서 복잡하게 뒤엉킨 희망과 절망의 관념 때문에 발생한 건 아닐까요? 복잡한 것은 '현실'이 아니라 우리의 '마음(관념)'입니다. 그렇다면 우리에겐 어떤 마음이 필요할까요? 바로 단순한 마음입니다.

우리 모두는 진정 여유로운 삶을 원합니다. 이는 많은 돈이나 명예로 얻을 수 있는 것이 아닙니다. 여유로운 삶은 단순한 마음에서 옵니다. 그러니 복잡한 현실에서 질식해 가고 있는 우리에게 정작 필요한 질문은 이것입니다. '어떻게 단순하게 살 것인가?' 오컴이라면 이렇게 답해줄 겁니다. "어떤 명제가 실제로 참이고, 어떤 한 가지가 그 명제를 참으로 만들기 충분하다면 둘을 가정하는 것은 쓸데없는 일이다." 얼핏 난해해 보이는 이 말은 어떤 의미일까요? 삶의 진실은 '더 많은 가정이 아니라 더 적은 가정에 의해서' 드러나게 된다는 뜻입니다.

오컴에 따르면 삶의 진실은 최소한의 가정을 통해 드러납니다. 이를 '오컴의 면도날' 혹은 '단순성의 원리(principle of parsimony)'라고 합니다. 오컴은 삶에서 다수의 가정을 필요로 하는 생각들을 면도날로 모두 베어낼 때 삶의 진실에 이를 수 있다고 말합니다. 이것이 오컴의 단순성의 원리입니다. 쉽게 말해, 단순한 것과 복잡한 것이 있다면 단순한 것이 삶의 진실에 더 가깝다는 뜻입니다.

예를 들어볼까요? 한 사람이 질병에 걸려 시름시름 앓고 있다고 해봅시다. 이때 주술사는 그 원인을 악귀로 진단하고, 의사는 벌레라고 진단했습니다. 어느 진단이 삶의 진실에 가까울까요? 오컴이라면 의사의 진단이 삶의 진실에 가깝다고 말할 겁니다. 이는 의학이나 과학적 사실에 근거한

답이 아닙니다. 오컴이 주장한 단순성의 원리(필요하지 않다면 다수를 가정해서는 안 된다)에 의한 답입니다.

"병의 원인은 악귀다." 주술사의 이 진단이 참이 되려면 또 한 번의 가정이 필요합니다. 악귀의 존재에 대한 보편적 합의가 부족하므로 악귀가 무엇인지 다시 한번 가정해야 합니다("악귀란 ~이다"). 반면 "병의 원인은 벌레다"라는 의사의 진단은 다릅니다. 의사의 진단에는 또 한 번의 가정이 필요 없습니다. 벌레는 지금 내 눈앞에 있기(확정 가능) 때문에 또 다른 가정이 필요치 않습니다. 벌레가 정말 병의 원인인지 아닌지는 알 수 없지만, 의사의 진단은 또 다른 가정을 할 필요가 없기 때문에 적어도 주술사의 진단보다는 삶의 진실에 가깝습니다.

이것이 바로 오컴의 단순성의 원리이자 우리 마음을 단순하게 해줄 열쇠입니다. 오컴의 '면도날'로 우리의 복잡한 마음에서 불필요한 관념들을 베어내 단순한 마음에 이를 수 있습니다. 그렇게 점점 단순한 마음에 다가설수록 우리는 삶의 진실에 점점 가까워지게 되고 동시에 점점 여유가 생기게 될 겁니다. 예를 들어볼까요? 정신없이 일하느라 삶에 크고 작은 문제가 발생한 직장인이 있다고 해봅시다. 그는 업무, 경력 · 인맥 관리, 재테크, 건강, 가족 등 복잡한 문제들에 휩싸여 있습니다.

오컴의 면도날은 어떤 문제를 베어낼까요? 업무, 경력, 인맥, 재테크일 겁니다. 지금 정신없이 '업무'를 하고 '경력'을 관리하고 '인맥'을 이어 나가고 '재테크'를 하는 이유가 뭔가요? 아마도 좀 더 희망찬 미래를 위해서, 불행한 미래를 회피하기 위해서라고 답할 테지요. 이는 단순성의 원리에 위배됩니다. 희망찬 미래가 무엇인지, 불행한 미래가 무엇인지 답하기 위해서는 다시 한번 가정(질문)을 해야 하기 때문입니다(희망찬 미래 혹은 불행한 미래란 무엇인가?).

반면 '건강'과 '가족'은 다릅니다. 이는 오컴의 면도날로 베어낼 수 없는 문제입니다. 자신의 건강한(혹은 병약한) 신체나 소중한 가족이 어떤 것인지 두 번 물을 필요가 없습니다. 그것은 다수의 가정 없이 지금 당장 존재하고 있으니까요. 이처럼, 우리 삶의 많은 문제에 단순성의 원리를 적용하면 어떻게 될까요? 아무리 복잡하고 혼란한 삶이라도 단순해질 수밖에 없을 겁니다. 업무, 경력, 인맥, 재테크와 관련한 복잡한 문제는 과감하게 베어버리게 되고, 건강과 가정에 관련한 문제만 남기게 될 테니까요. 바로 그때 우리는 혼란스러운 삶을 하나씩 정리하며 여유로운 삶으로 나아가게 됩니다.

이제 '단순성의 원리'의 비밀을 알 수 있습니다. 결국 오컴의 단순성의 원리는 '관념'과 '경험'을 구분하는 데 있습니다. 다수의 가정을 필요로 하는 문제는 관념적인 것이며, 다수의 가정이 필요 없는 문제는 경험적인 것이니까요. 즉 관념적인 문제는 우리 삶에 불필요한 문제이며, 경험적인 문제는 우리네 삶에 필요한 문제입니다.

햇살 좋은 휴일 오후, 재테크를 해야 할까요, 사랑하는 이와 산책을 해야 할까요? 복잡하게 생각할 것 없습니다. 사랑하는 이와 산책하면 됩니다. 재테크는 다수의 가정이 필요한 지극히 관념적인 일이고, 사랑하는 이와의 산책은 다수의 가정이 필요 없는, 그 자체로 경험하는 일이기 때문입니다.

돈을 벌기 위해 얼마나 일을 하며 살아야 할까요? 복잡하게 생각하지 마세요. 관념적인 행복이 아닌 경험적 행복을 충족할 만큼만 일하면 됩니다. 미래의 기대나 불안에 휩싸여 일할 때 우리네 삶은 더욱 복잡하고 혼란스러워집니다. 그것은 더 많은 관념적인 문제들을 불러일으킬 테니까요. 하지만 사랑하는 이와 식사를 하고 여행을 가기 위해 일할 때 우리네 삶은 더욱 단순하고 여유로워질 겁니다. 그것은 오직 경험적인 문제만 남기기 때문입니다.

유쾌하고 명랑한 삶은 어떤 삶일까요? 여유로운 삶입니다. 여유로운 삶은 어떤 삶일까요? 그것은 단순한 삶입니다. 불필요한 일들을 덜어내고 꼭 필요한 일에만 신경 쓰는 삶. 그 단순한 삶이 여유로운 삶이며, 바로 그런 삶이 유쾌하고 명랑한 삶입니다. 이것이 삶의 진실입니다. 이 삶의 진실에 이르기 위해 우리에게는 오컴의 면도날이 필요합니다. 그 면도날로 온갖 생각(가정)이 꼬리에 꼬리를 무는 관념적인 문제들을 과감하게 베어내야 합니다. 그렇게 오롯이 신체로 직접 경험하는 문제에 집중하며 살아야 합니다. 바로 그때 그토록 바라던 여유로운 삶이 우리 눈앞에 펼쳐질 겁니다.

DAILY
PHILOSOPHY

우리 정신의 대상은 존재하는 신체이며, 그 외 아무것도 아니다. … 누구든지 먼저 우리 신체의 본성을 충분하게 인식하지 못한다면, (정신과 신체) 이 합일을 충분하게 또는 명확하게 이해할 수 없을 것이다.

– 스피노자

진정으로 행복한 삶을 살고 싶나요? '미니멀'하게 사세요. '미니멀'한 삶이란 어떤 것일까요? 필요한 것만 사며 불필요한 것은 사지 않고, 필요한 것만 소유하고 불필요한 것은 모두 처분하는 삶입니다. 그렇게 최대한 단순해지는 삶이 바로 '미니멀'한 삶입니다. 그런데 우리는 '미니멀'한 삶에 이르기가 어렵습니다. 왜 그럴까요? '필요–불필요'를 구분하는 기준이 명확하지 않기 때문입니다.

옷을 예로 들어볼까요? 우리는 어떤 옷을 사야 하며 어떤 옷을 사지 않아야 하는지 혼란스럽습니다. 또 옷장에 있는 수많은 옷에서 어떤 것을 남기고 어떤 것을 처분해야 하는지 혼란스럽기만 합니다. 우리 삶의 '필요-불필요'를 명확하게 구분하지 못하기 때문입니다. 그렇다면 우리 삶의 진정한 '필요-불필요'를 어떻게 구분할 수 있을까요?

신체를 중심으로 구분하면 됩니다. 우리에겐 두 가지 '옷'이 있습니다. 관념(정신)적인 옷과 신체적인 옷. 전자는 '저 옷을 입으면 관심과 인정을 받을 수 있을 거야'라는 생각이 드는 옷이고, 후자는 '저 옷을 입으면 편안하고 시원할 거야'라는 생각이 드는 옷입니다. 관념(정신)적인 옷은 불필요한 옷이며, 신체적인 옷은 필요한 옷입니다. 관념적인 옷을 처분하고 신체적인 옷만 남길 때 삶은 조금 더 '미니멀'해집니다.

단지 옷만 그럴까요? 사람도 마찬가지입니다. 옷장에 있는 수많은 옷처럼 우리의 인간관계 역시 너무 복잡하기만 합니다. 옷을 정리해야 하는 것처럼 사람 또한 정리하며 살아야 합니다. 누구에게나 필요한 사람이 있고 불필요한 사람이 있게 마련입니다. 우리에게 불필요한 사람은 누구일까요? 바로 관념적인 사람입니다('저 사람은 나에게 언젠가 도움이 될 거야). 필요한 사람은 누구일까요? 신체적인 사람이지요. 그저 곁에 있는 것만으로 온몸이 따스해지며 입가에 미소를 번지게 해주는 사람입니다.

'미니멀'한 삶의 열쇠는 신체에 있습니다. 관념적인 옷(상품)은 사지 않고 옷장(집안)에 있는 관념적인 옷(상품)을 정리하듯, 앞으로 관념적인 관계는 만들지 말고 기존의 관념적인 관계를 정리해 나가야 합니다. 그렇게 신체적인 옷(상품)만 남기듯, 신체적인 관계만을 남기려 애쓰며 살아가야 합니다. 그렇게 우리는 여유로운 삶에, 그래서 행복한 '미니멀'한 삶에 이르게 됩니다.

어떻게 하면 나를 긍정할 수 있을까?

스스로를 부정하는 것은

스스로를 파괴하는 일이다

디오게네스는 사람들이 보고 있는 가운데 자위에 열중하며 말했다.
"이런 식으로 배도 비비기만 해서 배고픔이 사라지면 좋으련만."

– 디오게네스

"성적이 그게 뭐야!", "업무처리가 엉망이군", "넌 약속 잘 안 지키잖아." 누군가에게 비난받으면 불쾌합니다. 왜 불쾌할까요? 단순히 욕먹었기 때문일까요? 아닙니다, 이는 표면적인 이유에 불과합니다. 진짜 이유는 무엇일까요? 바로 자기 부정입니다. 타인에게 비난받을 때 불쾌함의 정체는 무엇일까요? 타인의 비난이 곧 자신을 향한 비난이 되리라는 무의식적 직감입니다. 타인에게 욕을 먹을 때, 곧 나 역시 나를 욕하게 되리라는 직감. 바로 이 직감이 누군가에게 비난받을 때 깊은 불쾌감이 드는 이유입니다.

정말 그렇지 않나요? 철부지 아이나 생면부지의 사람이 우리를 비난한다고 그다지 큰 불쾌감을 느끼지는 않습니다.

상대의 비난이 자기 부정으로 전환하기 어렵기 때문입니다. 아이의 비난은 철없는 말일 뿐이고, 낯선 이의 비난은 근거 없는 헛소리일 테니까요. 이처럼 타인의 부정(비난)은 자기 부정으로 전환될 때 비로소 문제가 됩니다. 타인에게 부정(비난)당할 때 조금씩 자신을 부정(비난)하게 되기 때문에 못 견디게 싫은 것이지요.

자기 부정. 우리는 살아가면서 이런저런 부정적인 생각과 감정(증오, 분노, 복수심, 시기, 질투…)에 사로잡히곤 합니다. 그런 부정적인 생각이나 감정은 정도의 차이만 있을 뿐 모두 자기 파괴적인 양상을 띱니다. 그중에서도 가장 자기 파괴적인 것이 바로 자기 부정입니다. 이는 정말이지 심각한 문제입니다. '내가 나를 부정하는 일'은 '내가 나를 파괴하는 일'과 다르지 않기 때문입니다.

우리는 부정적인 것을 제거하고 싶어 합니다. 여드름이나 흉터, 징그러운 벌레를 없애버리고 싶은 마음처럼, 우리가 부정하는 존재(게으른 이, 위선적인 이, 기만적인 이 등)를 내 삶 밖으로 몰아내고 싶습니다. 그런데 그런 부정적인 존재가 바로 자신이면 어떨까요? 자신을 없애버리고만 싶겠지요. 그러니 자기 부정을 해소하는 일은 단순히 마음을 편안하게 하는 문제가 아니라 자신의 사회적(어쩌면 물리적) 생존과 직접 관련된 문제인 셈입니다.

어떻게 자기 부정을 넘어 자기 긍정에 이를 수 있을까요? 디오게네스의 기행에 그 실마리가 있습니다. 디오게네스는 개집 같은 독에서 기거하며 남루한 옷차림으로 구걸해 살아가는 철학자였습니다. 어느 날 그는 사람들이 모인 광장에서 자위를 하며 말했습니다. "이런 식으로 배도 비비기만 해서 배고픔이 사라지면 좋으련만." 디오게네스는 정신이상자거나 변태 성욕자일까요? 그렇지 않습니다. 엽기적이고 충격적이기까지 한 그의 기행은 우리가 어떻게 자기 부정을 해소하여 자기 긍정에 이를 수 있는지 말해줍니다.

우리는 왜 자신을 부정하게 되었을까요? 타인에게 부정당했기 때문입니다. 즉 자기 부정은 타인의 부정에서 옵니다. 그렇다면 타인은 어떤 근거로 우리를 부정하게 되었을까요? 그 근거란 흔히 문명이라고 부르는 모든 것, 즉 관습, 전통, 제도, 교육, 도덕, 윤리, 법률입니다. 관습, 전통, 제도, 교육, 도덕, 윤리, 법률에 어긋나는 행동을 할 때, 우리는 세상 사람들에게 부정(비난)당하게 되고, 그 때문에 끝내 자기 부정에 이르게 됩니다.

자기 부정의 발생 원리는 이렇게 도식화할 수 있습니다. '관습, 전통, 제도, 교육, 도덕, 윤리, 법률→타인의 부정→자기 부정' 이 도식은 우리 삶에서 흔히 찾아볼 수 있습니다. "성적이 그게 뭐야." 왜 성적이 나쁘다고 비난할까요? 그것은 기존의 '교육, 제도'에 벗어나기 때문이지요. "업무처리가 엉망이군." 왜 업무처리에 실수가 있으면 비난할까요? 직장의 '전통, 윤리'에 벗어나기 때문입니다. "넌 약속 잘 안 지키잖아." 왜 약속을 지키지 않으면 비난할까요? 사회적 '윤리, 법률'에 벗어나기 때문입니다.

이처럼 타인은 특정한 문명에 근거해서 우리를 부정합니

다. 결국 자기 부정은 근본적으로 인간이 만든 관습, 전통, 제도, 교육, 도덕, 윤리, 법률에 기원하는 셈입니다. 그렇다면 자기 부정을 해소하기 위해 모든 관습, 전통, 제도, 교육, 도덕, 윤리, 법률을 무시해야 할까요? 그렇지는 않을 겁니다. 관습, 전통 등이 인간 사회의 혼란을 줄이는 역할을 한다는 것은 분명한 사실이니까요.

하지만 그것만큼이나 분명한 사실이 또 하나 있습니다. 인간이 만든 문명(관습, 전통 등)이 인간의 자연스러운 본성을 억압하고 있다는 것! 이제 디오게네스의 기행을 좀 더 다른 관점에서 보게 됩니다. 디오게네스는 왜 광장에서 자위를 했을까요? 식욕과 성욕은 모두 인간의 자연스러운 본성입니다. 하지만 세상 사람들은 이 둘을 동등한 위상으로 인정하지 않습니다. 광장에서 식사는 할 수 있지만 자위를 하는 것은 관습, 전통 등에 벗어나는 일이니까요.

세상 사람들이 광장에서 식욕을 해결하며 성욕을 상상할 때, 디오게네스는 광장에서 성욕을 해결하며 식욕을 상상했습니다. 디오게네스는 왜 그랬던 걸까요? 자연스러운 인간 본성을 억압하는 문명(인간이 만든 관습, 전통 등)의 허위의식을 폭로하고, 그것을 넘어서고자 했던 겁니다. 그것을 넘어설 때만 자기 부정 너머 진정한 자기 긍정에 이를 수 있을 테니까 말입니다.

사실 자기 긍정은 어려운 일이 아닙니다. 자신의 자연스러운 본성에 충실하면 됩니다. 하지만 본성은 항상 인간이 만든 문명(관습, 전통 등)에 억압받게 마련이지요. 디오게네스는 바로 삶의 이런 진실을 날카롭게 포착했던 겁니다. '타인의 비난을 넘어 자신을 긍정하기 위해서는 인간이 만든 위선적이고 기만적인 모든 문명(관습, 전통, 제도, 교육, 도덕, 윤리, 법률)을 넘어서야 한다!' 이것이 디오게네스가 포착한 삶의 진실이었습니다.

자기 긍정은 자기계발서에서 흔히 볼 수 있는 낭만적인 이야기가 아닙니다. 참된 사랑이 고되게 아프고 때로 위험한 것처럼, 진정한 자기 긍정 역시 마찬가지입니다. 자기 긍정에 이르고 싶다면 기존의 전통, 제도 등을 넘어서야 합니다. 타인에게 실제로 피해만 주지 않는다면, 인간이 만든 모든 관습, 전통 등을 과감하게 넘어서려 노력해야 합니다. 그처럼 있는 그대로 자신의 본성에 충실하며 살아가려 애써야 합니다. 그것이 자기 긍정에 이를 수 있는 유일한 길입니다.

DAILY
PHILOSOPHY

맛의 즐거움, 사랑의 쾌락, 듣는 즐거움, 아름다운 모습을 보아서 생기는 즐거운 감정 들을 모두 제외한다면, 나는 선(agathon)을 무엇이라고 생각해야 할지 모르겠다.

– 에피쿠로스

자기 긍정에 이르고 싶은가요? '개'처럼 사세요. 디오게네스는 정말 개처럼 살았습니다. 이는 디오게네스가 정초한 '시니시즘(cynicism)'이라는 사상의 어원에서 분명히 확인됩니다. 디오게네스를 따르며 시니시즘을 표방했던 일군의 철학자들을 키니코스 학파라고 합니다. '키니코스(kynikos, 犬儒)'는 '개(犬) 같은 선비(儒, 학자)'쯤으로 번역할 수 있습니다. 시니시즘에서 '시닉(cynic)'의 어원이 고대 그리스어 키니코스(개와 같은)이기 때문입니다.

디오게네스도, 그의 가르침을 따르던 견유학파의 수많은

철학자들도 모두 개처럼 살기를 소망했습니다. 하지만 오해해서는 안 됩니다. 개처럼 산다는 것은 자신의 욕구만 중시하며 방종하게 사는 것을 의미하지 않습니다. 타인에게 줄 피해나 상처를 아랑곳하지 않는 짐승과도 같은 삶을 의미하지도 않습니다. 디오게네스나 키니코스 학파가 말하는 개처럼 산다는 것은 '시니시즘'적으로 사는 것을 의미합니다.

'시니시즘'은 무엇일까요? 인위적으로 만든 문명(관습, 전통, 제도, 교육, 도덕, 윤리, 법률)을 넘어서서 인간의 본성에 따라 자연스럽게 살아가는 것을 주장하는 사상 체계입니다. 우리 역시 개처럼, 즉 '시니시즘'적으로 살아가야 합니다. 개는 성적이 떨어진다고 신경 쓰지 않습니다. 성적이 떨어졌다고 누군가에게 비난받는 일 역시 신경 쓰지 않고요.

개는 돈이 없다고 불안해하지도 않습니다. 돈이 많다고 우쭐거리지도 않고, 돈이 없다고 비난받을까 봐 신경 쓰는 일도 없습니다. 개는 불면증이 없습니다. 졸리면 그냥 편하게 자면 됩니다. 개는 업무 실수를 했다고 주눅 들지 않습니다. 상사와 사장의 비난에도 개의치 않을 겁니다. 또 다른 곳에서 먹이를 구하면 그만이니까요. 개는 약속 시간을 신경 쓰지 않습니다. 약속 시간을 어겨 상대에게 비난받는 일이 있어도, 개는 자신을 비난하지 않습니다. 약속 시간에 늦은 이유는 단지 상대보다 더 중요한 일이 있었기 때문이니까요.

개처럼 사랑하세요. 사랑하는 상대의 재산, 지위, 명성 따위는 아랑곳없이, 보고 싶으면 몇 날 며칠을 하염없이 그의 집 앞에서 기다리는 개처럼 말입니다. '시니시즘'적 개처럼 살아가세요. 그제야 자기 부정 따위는 가볍게 넘어버려 진정한 자기 긍정에 이를 수 있습니다.

인정받기를 바라는 이유는?

'너'를 통해 '나'를 보는 것!

이것이 바로 진정한 주체성

인간은 필연적으로 인정받으며, 필연적으로 인정하는 존재다. … 인간 자체는 인정 행위로서 운동이며, 이러한 운동이 바로 인간의 자연 상태를 극복한다. 즉 인간은 인정 행위다.

사랑 관계 속에서 성장한 최초의 상호 인정 관계는 이후의 모든 정체성 발전의 필연적 전제다.

– 악셀 호네트

우리네 삶을 얽매는 많은 요소들이 있습니다. 그 가운데 가장 큰 요소는 누가 뭐래도 '인정 욕구'일 겁니다. 좀 더 구체적으로 살펴볼까요? 우리는 돈에 얽매여 삽니다. 돈이 없어서 생필품을 살 수 없기 때문일까요? 어떤 이는 차에 얽매여 살지요. 차가 작고 낡으면 기능이 떨어지기 때문일까요? 또 어떤 사람은 화장에 얽매여 삽니다. 화장한 자신이 만족스럽기 때문일까요? 어떤 이는 직장에 얽매여 살지요. 이는 업무가 많아서일까요? 그렇지 않습니다. 그 모든 것은 바로 인정 욕구 때문입니다.

교환 수단으로서의 돈이 없어서 고통스러운 게 아닙니다. 돈이 없는 자신을 아무도 인정해 주지 않을까 봐 고통스러운 것입니다. 작고 낡은 차가 주는 불편함은 기능이 아니라 타인의 시선 때문이지요. 화장하는 데서 오는 피곤함 역시 그 행위 자체가 아니라 타인의 인정을 바라는 마음 때문에 생깁니다. 직장 또한 마찬가지이지요. 일이 많아서가 아니라 유능한 직원으로 인정받으려는 마음 때문에 피곤한 것이 아니던가요? 이처럼 우리네 삶을 얽매는 요소는 다양하지만 근본적으로는 모두 인정 욕구 때문입니다.

그래서일까요. 나름 똑똑하다고 자부하는 이들은 이렇게 말하곤 합니다. "다른 사람한테 인정받으려고 하지 마세요!" 이는 지혜로운 조언일까요? 얽매인 삶에서 벗어나 자유로운 삶으로 나아가기 위해 타인의 인정에서 벗어나려는 시도는 성공할 수 있을까요? 이는 헛똑똑이들의 어리석은 짓일 뿐입니다. 악셀 호네트는 이렇게 말합니다. "인간은 필연적으로 인정받으며, 필연적으로 인정하는 존재다." 호네트에 따르면, 인간에게 '인정'은 선택 사항이 아니라 존재 조건입니다.

"인간은 인정 행위다." 호네트가 말하는 인간의 정의입니다. 이는 부정할 수 없는 삶의 진실입니다. "다른 사람한테 인정받으려고 하지 마세요!" 이렇게 대중 앞에서 당당하고 자신 있게 외치는 이를 생각해 봅시다. 그의 당당함과 자신감은 어디서 왔을까요? 부모든 친구든 연인이든 팬이든, 누군가의 인정이 있었기에 그는 그처럼 당당하고 자신감에 넘칠 수 있었을 겁니다. 인간은 누군가의 인정 없이 주체적인 인간으로 존재할 수 없습니다. 여기서 인정이란 작게는 관심이고 칭찬이며 크게는 사랑일 수 있습니다.

"인간 자체는 인정 행위로서 운동이며, 이러한 운동이 바로 인간의 자연 상태를 극복한다." 호네트의 말을 이제는 이해할 수 있습니다. 인간은 누군가(부모, 친구, 연인 등)에게 인정(관심, 칭찬, 사랑)받고, 또 누군가(부모, 친구, 연인 등)를 인정(관심,

칭찬, 사랑)하는 운동을 끊임없이 합니다. 그 운동을 통해 인간의 자연 상태, 즉 온통 낯선 것뿐인 세상에 맨몸뚱이로 홀로 던져진 상태(공포, 당황, 주눅 듦, 의존성 등)를 조금씩 극복해 나가게 됩니다. 호네트의 말처럼, 누군가에게 인정받고 누군가를 인정하는 행위가 없다면 인간은 자연 상태를 극복해 나가며 한 인간으로서 존재할 수 없습니다.

"타인의 인정을 갈구하지 말라." 당당하고 자신감 넘치는 이런 언행은 무지하거나 기만적입니다. 그들의 당당함과 자신감은 사실 타인의 인정에서 온 것입니다. 이런 삶의 진실을 알지 못하고 "타인의 인정을 바라지 말라"고 외치는 이는 얼마나 무지한가요? 만약 삶의 그러한 진실을 모두 알고서도 "타인의 인정을 바라지 말라"고 한다면 이는 얼마나 기만적인 일인가요? 자신 역시 누군가의 인정으로 당당함과 자신감을 얻게 되었으면서 타인에게는 삶의 그런 진실을 숨기는 셈이니까요.

이제 우리는 하나의 문제점에 봉착합니다. 인정이 인간의 존재 조건이라면, 타인에게 인정받으려는 노력은 모두 긍정해야 할까요? 그렇지 않습니다. 인정 욕구를 완전히 부정하는 삶만큼이나 인정 욕구를 무분별하게 충족하려는 삶 역시 불행해질 수밖에 없습니다. 그렇다면 인간의 숙명과도 같은 이 인정 욕구를 어떻게 다루어야 하는 걸까요?

호네트는 이렇게 말합니다. "사랑 관계 속에서 성장한 최초의 상호 인정 관계는 이후의 모든 정체성 발전의 필연적 전제다." 호네트에 따르면, 한 인간의 정체성이 건강하게 발전해 나가는 인정 행위에는 두 가지 필연적 전제가 있습니다. '사랑'과 '상호 인정'입니다.

먼저 '사랑'에 관해서 이야기해 봅시다. 인정 행위가 필연적이라고 해서 아무에게나 인정받으려 하거나 아무나 인정해서는 안 됩니다. 사랑의 관계에서 인정 행위를 해야 합니다. 인정에는 조건적 인정과 무조건적 인정이 있습니다. 사랑은 무조건적인 인정입니다. 직장(동료, 상사, 사장)에서 인정받는 것과 가족, 연인에게 인정받는 것은 전혀 다른 일이지요. 전자는 조건적 인정이기에 정체성을 파괴할 가능성이 있지만, 후자는 무조건적 인정이기에 정체성을 건강하게 발전시킬 수 있습니다. 어린 시절 부모에게 깊고도 충분한 사랑을 받았던 이들이 건강한 마음을 지닌 어른으로 성장하는 것도 바로 이런 이유 때문일 테지요.

인정 행위의 또 다른 전제인 '상호 인정'을 살펴봅시다. 사랑의 관계일지라도 인정 행위가 상호적이지 않다면, 그 또한 우리네 삶을 건강하게 만들어 주지 못합니다. 부모의 사랑을 예로 들어볼까요? 자식을 무조건 인정(사랑)한다고 그 아이가 반드시 건강한 정체성을 갖게 되는 것은 아닙니다. 부모에게 충분히 사랑받은 아이 역시 건강한 정체성을 갖지 못하게 되는 경우는 흔합니다.

이런 일은 왜 일어나는 것일까요? 사랑을 받았음에도 아이가 부모를 인정(사랑)하지 않았기 때문입니다. 사랑은 있지만 그 사랑이 상호적이지 않을 때, 한 인간은 건강한 정체성을 갖기 어렵습니다. 연인 관계 역시 마찬가지입니다. 상대가 나를 사랑하는 눈빛으로 아무리 인정해 주어도 내가 상대를 인정하지 않는다면, 상대의 인정이 나의 정체성을 건강하게 발전시키기란 어렵습니다.

인간에게 인정 행위는 필연적입니다. 하지만 결코 무분별해서는 안 됩니다. 인간은 반드시 인정이 필요하지만, 사랑의 관계에서 상호 인정해야 합니다. 인정 욕구의 철저한 부정('아무에게도 인정받지 않겠어!')과 과도한 긍정('모두에게 인정받아야 해!')은 모두 불행으로 가는 길입니다. 기쁜 삶은 그 두 갈래 길 사이에 있습니다. 사랑의 관계에서 서로를 인정하는 삶! 이것이 행복으로 가는 인정 방식입니다.

DAILY
PHILOSOPHY

사랑하는 사람은 신비하고 몽롱하게 사랑의 대상을 찾고 사랑에 빠져야 한다. 그래야만 사랑 때문에 눈이 멀고, 애인의 모든 결점에 눈이 멀고, 애인의 모든 불완전성에 눈이 먼다. … 그러나 연애는 그가 야인과 다른 사람을 혼동하는 일이 없게 하는 탁월한 눈을 주기도 한다.

– 키르케고르

주체성을 버리세요. 이것이 진정한 '인정'을 받는 길입니다. 그런데 세상 사람들은 이와 반대로 말하지요. "주체적으로 사세요"라고. 무슨 의미일까요? '나'를 맨 중심에 두고 타인과 세계를 대하라는 말일 겁니다. 뭔가 그럴듯하고 멋있게 들리는 말이긴 하지만 실상은 전혀 그렇지 않습니다.

'나'를 중심에 두고 타인과 세계를 대할 때 우리는 무엇을 잃게 될까요? 바로 '사랑'과 '상호 인정'입니다. 누가 뭐래도,

사랑의 표어는 '당신 뜻대로 하소서'입니다. 그런데 주체적(이라고 믿는)인 이들은 항상 '자신'의 뜻대로 하려 들지 결코 '당신' 뜻대로 하지 않습니다. 그래서 주체적인 이들은 필연적으로 사랑을 잃고 맙니다. 그들이 잃는 것이 사랑뿐일까요?

그렇지 않습니다. 그들은 상호 인정마저 잃을 수밖에 없습니다. 주체성을 표방하는 이들은 자신이 인정받는 데 혈안일 뿐 좀처럼 타인을 인정하지 않지요. 타인을 인정하는 일이 곧 자신의 주체성에 흠집을 내는 일이라 느낄 테니까요. 이처럼 주체성은 사랑과 상호 인정을 배격합니다. 이것이 자기애(narcissism)적인 주체성(내가 세상의 중심이야!)이 우리네 삶을 불행으로 몰고 가는 방식입니다.

진정한 주체성은 자기애적 주체성을 버릴 때 가능해집니다. 자기애적인 주체성을 버려야만 우리는 비로소 '사랑'과 '상호 인정'에 이르게 됩니다. 그 사랑과 상호 인정에서 발견하게 되는 '나'가 바로 진정으로 주체적인 '나'입니다. '나'를 버리고, '너'를 사랑하고, 그 '너'로부터 인정받는 과정에서 발견하게 되는 '나'. 바로 그 '나'가 진정으로 주체적인 '나'일 겁니다. '나'를 통해 '너'를 보는 주체성은 자기애적인 주체성일 뿐입니다. '너'를 통해 '나'를 보는 것! 이것이 바로 진정한 주체성입니다.

밥벌이, 어떻게 하면 잘할 수 있을까?

어쩔 수 없이 받은 밥그릇을 닦아서

반짝반짝 윤 내기

인간의 위대함은 언제나 자기 삶을 재창조하는 데 있다. 자기에게 주어진 것을 재창조하기. 어쩔 수 없이 받은 것도 다시 닦아서 윤을 내기. 인간은 노동을 통해 자신의 자연적인 삶을 재창조한다.

— 시몬 베유

밥벌이. 동서고금을 막론하고 가장 엄중하고도 긴박한 문제입니다. 꿈, 사랑, 우정, 정치, 예술 등등 우리네 삶에서 중요하다고 여기는 많은 문제들이 있지요. 하지만 모두 밥벌이 문제 앞에서는 배부른 사치로 전락하고 맙니다. 당장 밥벌이가 위협받을 때 꿈, 사랑, 우정, 정치, 예술 같은 것은 모두 허황한 이야기처럼 들리게 마련입니다. 문제는 이 엄중하고 긴박한 문제인 밥벌이가 결코 녹록지 않다는 사실에 있습니다.

밥벌이는 지겹고, 치사스럽고, 고됩니다. 어쩌면 이것이 우리 삶의 가장 근본적인 문제인지도 모르겠습니다. 우리네 삶을 조금 더 기쁜 삶으로 인도하는 것들은 분명 꿈, 사랑, 우정, 정치, 예술에 있습니다. 이는 변치 않는 삶의 진실입니다. 하지만 정작 우리는 밥벌이의 중압감에 시달리느라 그 소중한 것들을 돌볼 겨를이 없습니다. 밥벌이는 큰 무게로 우리 삶을 짓누릅니다. 정말 그렇지 않나요?

밥벌이는 우리네 삶을 정말 숨 막히게 합니다. 매일 일을 해야 밥을 먹고 사는데, 바로 그 일이 너무 지겹고 치사스럽고 고될 때 삶의 무게에 짓눌려 질식할 것만 같습니다. 우리 삶이 점점 더 슬픔뿐인 삶으로 전락하는 것은 결국 밥벌이의 고통 때문인 셈입니다. 당장 다급한 문제(밥벌이)를 해결하느라 정작 중요한 문제(꿈, 사랑, 우정, 정치, 예술)를 돌보지 못하는 삶은 필연적으로 불행해질 수밖에 없으니까요.

시몬 베유는 밥벌이의 고통에 대해 이렇게 말합니다. "육체노동의 극심한 고통은 오직 생존하기 위해서 그토록 오랫동안 노력해야 한다는 데 있다. 노예에게 노동의 목적은 그저 생존하는 것뿐이다. 어떤 행복도 목적이 되지 못한다. 따라서 노예는 거기서 해방되어야 한다. 그렇지 않으면 식물 수준까지 떨어질 수밖에 없다."

베유의 말처럼 밥벌이의 고통은 오로지 생존하기 위해 오랫동안 노력해야 한다는 데 있습니다. 노예처럼 일하는 이들의 목적이 무엇인가요? 그저 생존하는 것이고, 그렇게는 어떤 행복에도 도달할 수 없습니다. 지금 우리가 처한 모습과 정말 똑같지 않나요? 돈만 많으면 이 꼴 저 꼴 안 보고 당장 일을 때려치우고 싶은 마음이 굴뚝같지요. 그럼에도 불구하고 그만두지 못하는 것은 정말이지 먹고살기(생존!) 위해서 아니던가요.

'노예는 거기서 해방되어야 한다.' 베유는 먹고살기 위한 삶에서 벗어나 조금 더 인간다운 삶으로 나아가야 한다고 단호하게 말합니다. 그러지 않으면 우리는 동물조차 되지 못한 식물, 즉 한자리에 붙박여 옴짝달싹 못하는 '식물 수준까지 떨어질 수밖에 없다'고 진단합니다. 그렇다면 어떻게 식물적인(노예의) 삶에서 벗어나 보다 인간답게 살 수 있을까요? 주식을 하든 경매를 하든 부동산을 하든, 돈을 많이 벌면 될까요?

돈 많이 벌어서 일찍 은퇴하기! 우리 시대 대부분 사람들이 밥벌이의 고통에서 벗어나고자 할 때 가장 이상적이라 꼽는 방법입니다. 사람들이 "돈, 돈, 돈" 하는 것은 야심 찬 탐욕이라기보다 노예의 삶에서 벗어나려는 서글픈 발버둥에 가까워 보입니다. 이 서글픈 발버둥은 성공할 수 있을까요? 아마 불가능할 겁니다. 돈을 많이 벌든 그렇지 않든 은퇴, 즉 무노동의 삶은 행복은커녕 보다 인간다운 삶에도 가닿지 못합니다.

두 종류의 무노동이 있습니다. 돈이 없는 상태의 무노동과 돈이 많은 상태의 무노동. 이 두 경우 모두 행복이나 인간다운 삶에는 이르지 못합니다. 전자, 즉 돈을 많이 벌지 못하고 은퇴하는 경우는 말할 필요도 없겠지요. 그는 결코 행복이나 인간다운 삶에 가닿지 못할 겁니다. 이내 지겹고 치사스럽고 고된 노예의 삶으로 돌아와야 할 테니까요.

후자의 경우, 즉 돈이 많은 상태에서 은퇴(무노동)를 하면 상황이 다를까요? 전혀 그렇지 않을 겁니다. 운이 좋아 돈을 많이 벌게 되어 일찌감치 은퇴를 해도 상황은 달라지지 않습니다. 물론 생존을 위해 노동해야 하는 고통에서는 벗어날 수 있을지 모릅니다. 하지만 그 역시 근본적으로 행복한 삶이나 인간다운 삶에 이를 수는 없습니다. 노동의 고통에서 벗어나는 대가로 무노동의 공허와 무기력 속에 던져질 수밖에 없기 때문입니다.

누가 일이 생존의 수단이 아니라고 말하나요? 인간에게 일은 분명 생존의 수단입니다. 하지만 여기서 말하는 생존은 단순히 '생계'만 의미하지는 않습니다. 진정한 의미에서의 '생존'입니다.

직장 일에 온갖 불평불만을 늘어놓던 이를 알고 있습니다. 그는 우연히 큰돈을 얻게 되어 직장을 그만두게 되었습니다. 은퇴한 후 아무런 일도 하지 않고 긴 시간을 보냈습니다. 그에게 행복하고 인간다운 삶이 펼쳐졌을까요? 전혀 그렇지 않습니다. 그는 생기를 잃고 갑자기 늙어버렸습니다.

왜 그런 일이 벌어진 것일까요? 노동하지 않았기 때문입니다. 즉 은퇴한 뒤 찾아오는 갑작스러운 늙음은 무노동의 공허와 무기력의 결과였던 겁니다. 투덜거리며 일하던 시절이 오히려 더 생기 있고 활력적인 날들이었습니다. 이처럼 일은 죽음(늙음)으로 가는 것을 늦추는 '생존(!)'적 활동입니다.

이러한 삶의 진실에 대해 베유는 말합니다. '인간의 위대함은 자신의 삶을 재창조하는 데' 있고 '인간은 노동을 통해서 자신의 자연적 삶을 재창조한다'고요. 밥벌이는 '생계'로서의 '생존'이 아니라 '재창조'로서의 '생존'으로 대해야 합니다. 인간은 오직 자신의 일로써만 자신의 삶을 재창조해 나갈 수 있습니다. 일하지 않는 자들이 생기를 잃고 늙어가는 것은 바로 이 때문입니다. 자신의 삶을 재창조하지 않는 이에게 남는 것은 죽음을 향한 늙음뿐이니까요.

그렇다면 어떻게 생계가 아닌 재창조로서의 밥벌이를 할

수 있을까요? 지금의 직장이나 직업을 그만두고 새로운 일을 찾아야 할까요? 하나의 대안이 될 수 있을지는 몰라도 근본적인 해법은 아닙니다. 그렇다면 근본적인 해법은 무엇일까요? 어떻게 우리의 삶을 재창조할 수 있는 밥벌이를 할 수 있을까요? 시몬 베유는 이 문제에 근본적인 해법을 제시합니다.

'자기 자신에게 주어진 것을 재창조하기!' '어쩔 수 없이 받은 것도 다시 닦아서 윤을 내기!' 어려운 말이 아닙니다. 글쓰기를 좋아하는 공대생이 있었습니다. 그는 생계 문제 때문에 직장에 들어갔습니다. 하지만 그는 '공학'이 아닌 '글쓰기'를 통해 자기 삶을 재창조하는 노동을 하고 싶었습니다. 그는 직장을 그만두고 소설가가 되었을까요? 그렇지 않습니다.

그는 먼저 공학에 관한 책을 쓰는 것으로 글쓰기 노동을 시작했습니다. 그렇게 시작된 글쓰기는 시간이 지나 에세이로 그리고 다시 철학으로 이어져, 어느새 그는 전업 작가가 되었습니다. 이것이 바로 베유가 말한 '자기 자신에게 주어진 것을 재창조하기', '어쩔 수 없이 받은 것도 다시 닦아서 윤을 내기'입니다.

우리는 종종 힘든 일이 있을 때, '전부 아니면 전무(all or nothing)'의 자세를 취할 때가 있습니다. 밥벌이 문제 앞에서도 마찬가지입니다. 직장에서 삶이 질식해 가면서도 '직장 다니는 게 최선이야!'라며 어떤 변화도 취하려 하지 않거나, '당장 때려치우고 새로운 일을 할 거야!'라며 성급하게 모든 것을 변화시키려 합니다. 아무것도 바꾸려 하지 않거나 성급하게 모든 것을 바꾸려는 전부 아니면 전무의 태도는 모두 지혜로운 삶의 자세가 아닙니다.

삶은 '멈춤'과 '단절'이 아니라 '연속'입니다. 좋든 싫든 우리는 자신에게 주어진 것으로 무엇인가를 재창조할 수밖에 없습니다. 신체적 조건이든 재정적 조건이든, 전공이든 경력이든, 어쩔 수 없이 주어진 것을 닦아서 다시 윤을 낼 수밖에 없습니다. 그렇게 우리에게 어쩔 수 없이 주어진 것을 가지고, 멈추지도 단절하지도 말고 연속적으로 자기 삶을 바꾸어 나가야 합니다.

행복한 밥벌이를 하고 싶은가요? 그렇다면 먼저, 자신에게 어쩔 수 없이 주어진 것이 무엇인지 살펴보세요. 그것을 긍정하세요. 그리고 주어진 그것들로부터 새로운 것을 재창조합니다. 그렇게 우리네 삶이 반짝일 수 있도록 윤을 내야 합니다. 그럴 수 있을 때, 우리는 생계로서의 밥벌이를 넘어 우리네 삶을 재창조하는 행복한 밥벌이로 나아갈 수 있습니다.

DAILY
PHILOSOPHY

가장 인간적인 문명은 육체노동을 주축으로 하고, 육체노동을 최고의 가치로 삼는 문명이다. … 육체노동이 최고의 가치인 것은 생산하는 물건과의 관계 때문이 아니라 인간과의 관계 때문이다.

– 시몬 베유

행복으로 가닿는 밥벌이를 원하나요? 몸을 써서 일하세요. '몸을 쓴다'는 것은 과격한 육체노동만을 의미하는 것이 아닙니다. 순수한 정신노동을 지향하지 말라는 의미입니다. 사실 순수한 정신노동은 무노동입니다. 우리가 정신노동이라고 여기는 많은 일들은 사실 육체노동입니다. 변호사가 의뢰인을 변호하는 것도, 의사가 환자를 진료하는 것도, 소설가가 소설을 쓰는 것도 모두 고된 육체노동입니다.

밥벌이는 왜 지겹고 치사스럽고 고된 일이 되었을까요? 그것은 육체노동과 정신노동의 이분법이 성립되었기 때문입니다. 일반적으로 사장(자본가)은 육체노동이 아닌 정신노동을 합니다. 그 정신노동의 정체가 무엇인가요? 육체노동을 하는 직원들을 어떻게 더 착취할지 고민하는 일일 겁니다. 이는 육체노동이 아닌 순수한 정신노동을 지향할 때 우리 역시 누군가를 착취하는 자리에 있을 수 있다는 말과 다르지 않습니다. 열심히 일자리를 구하고 있노라 말하는 아들이 사실은 부모의 돈을 착취하고 있는 것처럼 말이지요.

시몬 베유는 '가장 인간적인 문명은 육체노동을 주축으로 하고 육체노동을 최고의 가치로 삼는 문명'이라고 말합니다. 왜냐하면 모두가 육체노동을 할 때 비로소 인간관계가 더욱 인간다워지기 때문입니다.

책상머리에 앉아만 있는 사장이 있다고 해봅시다. 이때 '사장–직원'의 관계는 '착취–불만'의 관계인 경우가 대부분이겠지요. 하지만 사장이 몸을 움직여 일하는 경우는 다릅니다. 그 사장과 직원의 관계는 보다 인간적인 관계로 구성됩니다. 당연하지 않나요? 정신노동만 고집하는 사장은 직원에게 일방적 지시(착취)만 하겠지만, 사장과 직원이 모두 육체노동을 할 때는 다 함께 웃으며 일할 수 있을 테니까요.

몸을 써서 일할 것! '나'와 '너'와 '우리' 모두가 행복한 밥벌이를 할 수 있는 길입니다.

일상은 왜 지겨운 걸까?

머리는 '단 한 번'을 사랑하지만

심장은 '또 한 번'을 사랑한다

어쩌면 반복이라는 것 자체가 이미 속박인지도 모른다. 그러나 만약 반복이 죽음을 가져온다면 구원과 치유를 가져오는 것, 또 무엇보다 다른 반복을 치유하는 것 역시 반복이다.

– 질 들뢰즈

일상은 지겹습니다. 직장은 두말할 것도 없고 가정, 친구 심지어 연인에게마저 권태를 느끼곤 합니다. 왜 이런 일이 벌어지는 걸까요? 단순히 오래되었기 때문일까요? 즉 직장, 가정, 친구, 연인이 오래되었기 때문에 지겨워진 걸까요? 그렇지 않습니다.

매년 근무지나 업무를 바꿔야 하는 직장인을 생각해 볼까요? 그의 직장생활은 피로하고 고될 수는 있지만 결코 권태롭지는 않을 겁니다. 가정, 친구, 연인도 마찬가지입니다. 아주 오래된 관계여도 1년이나 한 달에 한두 번밖에 볼 수 없다면, 권태가 아니라 애절함과 그리움의 대상이 될 겁니다. 이처럼 권태는 단순히 오래되었기 때문에 발생하는 감정이 아닙니다.

그렇다면 일상의 권태는 어디서 올까요? '반복'입니다. 직장과 가정은 왜 권태로워졌을까요? 매일 똑같은 일이나 장소가 지겹게 반복되었기 때문입니다. 친구나 연인과 함께하는 삶은 왜 권태로워졌을까요? 함께하는 일상이 지겹게 반복되었기 때문입니다. 반대로 생각해 보면 더욱 분명해집니다.

반복이 없던 시기를 생각해 봅시다. 신입사원(혹은 어린아이) 시절, 직장(혹은 가정)은 권태는커녕 두려움과 호기심이 뒤엉킨 역동적인 공간이었을 겁니다. 친구와 연인 관계도 그렇지 않나요? 그네들과 처음 만났을 때 지겨움은 설 자리도 없이 긴장과 설렘이 뒤엉킨 역동적인 시간을 보냈었지요. 이처럼 새로움(반복 없음)은 역동성을 낳고, 반복은 권태를 낳습니다.

들뢰즈는 삶의 이런 진실에 대해 '반복이라는 것 자체가 이미 속박'이라고 말합니다. 무엇인가 반복될 때 그것은 우리 삶을 옭아매는 속박이 됩니다. 그리고 그 속박은 단순한 지겨움에 그치지 않습니다. 심지어 들뢰즈의 말처럼 권태를 야기하는 '반복은 죽음을 가져오게' 됩니다. 이는 단순한 비유나 과장만은 아닐 겁니다. 반복된 권태는 우리네 삶을 서서히 죽음으로 몰아갑니다. 권태는 '삶의 활력(生氣)'을 교살하니까요.

이런 죽음의 그림자는 우리네 일상에서 아주 쉽게 접할 수 있습니다. 20년 동안 한곳에서 똑같은 업무를 맡은 직장인의 눈빛을 본 적이 있나요? 점점 생기를 잃고 서서히 죽어가는 이의 눈빛과 크게 다르지 않습니다. 그들은 물리적으로는 살아 있지만 정서적으로 죽은 상태인지도 모르겠습니다. 권태는 가벼운 지겨움이 아니라 죽음의 그림자를 드리우는 치명적인 감정인 셈입니다. 그렇다면 어떻게 권태에서 벗어날 수 있을까요?

많은 이들이 흔히 찾는 방법이 있습니다. 새로움(반복 없음)

입니다. 즉 지겹게 반복되는 일상에서 일탈하여 새로운 대상을 찾으려 합니다. "뭐 새로운 거 없어?" 일상적 권태에 짓눌려 가는 이들이 입버릇처럼 하는 말입니다. 많은 사람이 끊임없이 새로운 영화나 드라마를 찾고, 새로운 사람을 만나려 소개팅을 하고, 새로운 취미를 찾으려 여기저기 기웃거리고, 새로운 곳을 경험하려 여행을 떠납니다. 이 모두가 새로움을 통해 권태를 벗어나려는 일상적인 시도들입니다. 그들의 일상적 시도는 성공하게 될까요? 새로움을 찾아 권태에서 벗어날 수 있을까요? 아마 그러지 못할 겁니다.

"결국 다 지겹네." 새로움(반복 없음)으로 권태를 벗어나려 했던 이들이 끝내 하게 되는 말입니다. 새로움을 통해 잠시 역동성은 느낄지 모르겠으나, 끝내 도착하게 되는 곳은 공허와 허무의 감정일 겁니다. 이는 권태 너머 권태입니다. 새로운 드라마를 보고, 새로운 사람을 만나고, 새로운 취미를 찾고, 새로운 곳으로 여행을 가면 잠시나마 권태에서 벗어날 수는 있습니다. 하지만 근본적인 권태는 여전히 사라지지 않을 겁니다.

오히려 더 큰 권태(공허와 허무)에 시달리게 될지도 모릅니다. 새로움을 통해 권태에서 벗어나고자 했지만, 그것으로도 결국 심연의 권태를 해소하지 못했으니 말입니다. '권태(지겨움)→새로움(신작 영화 · 드라마)→권태(공허, 허무)→새로움(신작 영화 · 드라마)→권태(더 큰 공허 · 허무)…' 이 끝없는 악순환이 평범한 이들이 겪고 있는 권태의 양상일 겁니다.

그렇다면 우리는 어떻게 심연의 권태에서 벗어날 수 있을까요? 이 질문에 들뢰즈는 수수께끼 같은 답변을 던집니다. "만약 반복이 죽음을 가져온다면 구원과 치유를 가져오는 것, 또 무엇보다 다른 반복을 치유하는 것 역시 반복이다." 들뢰즈는 반복이 죽음의 그림자(권태)를 가져오지만, 동시에 반복이 그 죽음의 그림자로부터 우리를 치유하고 구원한다고 말합니다. 난해한 이 말을 어떻게 이해하면 될까요?

흔히들 모든 반복은 지겹다고 생각합니다. 하지만 이는 삶의 진실이 아닙니다. 우리에게는 두 가지 반복이 있습니다. 슬픈 반복과 기쁜 반복입니다. 전자는 반복할수록 점점 슬픔(지겨움, 짜증, 우울, 불안)에 잠식당하게 되고, 후자는 반복할수록 점점 기쁨(음미, 충만, 유쾌, 활력)이 차오르게 됩니다. 이는 '직장의 반복'과 '사랑의 반복'으로 쉽게 설명할 수 있습니다.

'직장'은 전형적으로 슬픈 반복이고, '사랑'은 대표적으로 기쁜 반복입니다. 여기 슈베르트를 진심으로 '사랑'하는 '직장인'이 있습니다. 매일같이 직장에서 반복된 업무에 지친 그는 집으로 돌아와 슈베르트의 음악을 반복적으로 듣습니다. 즉 그는 직장도 '반복'하고, 슈베르트(사랑)도 '반복'하며 사는 셈입니다. 그에게 이 두 반복은 같은 것일까요? 그렇지 않습니다. 이 둘은 전혀 다른, 아니 정반대의 반복입니다. 직장의 반복은 삶을 질식하게 만드는 '권태(슬픔: 지겨움, 짜증, 우울, 불안)'를 주고, 슈베르트의 반복은 삶의 활력을 불어넣는 '생기(기쁨: 음미, 충만, 유쾌, 활력)'를 줄 테니까요.

삶이 권태에 빠졌나요? 새로움을 찾을 때가 아닙니다. 반복을 찾아야 합니다. 단, 슬픈 반복이 아닌 기쁜 반복 말입니다. 슬픈 반복은 죽음의 그림자를 드리울 뿐이고, 가벼운 새로움은 공허와 허무를 채울 뿐입니다. 삶의 활력을 촉발하는 반복은 오직 기쁜 반복뿐입니다. 그처럼 반복하면 할수록 삶의 활력이 은은하게 차오르는 대상을 찾아야 합니다. 반복해서 음미하면 할수록 더 깊은 기쁨을 주는 대상을 찾아야 합니다. 그때 죽음의 그림자를 드리우는 권태에서 벗어나 활력 넘치는 삶을 발견할 수 있을 겁니다.

DAILY
PHILOSOPHY

시를 마음으로 새겨야 하는 것은 결코 우연이 아니다. 머리는 교환의 신체 기관이지만, 심장은 반복을 사랑하는 기관이다.

– 질 들뢰즈

삶이 지겨운가요? '시'를 읽으세요. 시의 본질은 무엇일까요? 반복입니다. 시를 한 번만 읽는 사람은 시를 읽지 않는 것과 같습니다. 좋은 시는 반복해서 읽으며 음미할 때 진정으로 우리 곁에 와 닿습니다. 여러분에게는 그런 시가 있나요? 여기서 시는 단지 문학 작품만을 의미하지 않습니다. 사람이나 운동, 그림, 영화여도 좋고 음악이어도 좋습니다.

반복해서 만나지만 전혀 지겹지 않고, 만나면 만날수록 더 깊은 기쁨을 주는 '사람'이 있나요? 매일 하지만 지겹기는커녕 할 때마다 더 큰 기쁨을 주는 '운동'이 있나요? 매번 반복해서 접하지만 그때마다 전혀 새로운 감정을 불러일으키는 '그림'과 '영화'와 '음악'이 있나요? 그렇게 시와 같은 사람, 운동, 그림, 영화, 음악이 우리네 삶을 권태에서 구원할 겁니다.

반대로, 반복할수록 지겨운 대상(사람, 운동, 그림, 영화, 음악 등)이 있습니다. 그들은 '교환의 신체 기관'인 '머리'로 만나는 대상일 겁니다. 머리가 계산해서 효율과 효과를 따질 때 반복은 지겨워질 수밖에 없습니다. 하지만 새로움과 활력을 주는 반복이라면 그것은 '반복을 사랑하는 기관'인 '심장(박동!)'이 반응하는 대상일 겁니다. 심장이 반응하는 대상은 반복할수록 더 큰 기쁨을 주게 마련입니다.

시는 마음의 고향과 같은 존재입니다. 아주 오래 반복되었지만 지겹기는커녕 음미하면 할수록 잔잔하고 은은한 기쁨으로 안정감을 주는 존재. 그래서 삶의 고통에 맞닥뜨렸을 때 찾게 되는 존재. 그것이 바로 시입니다.

시적인 한 사람(운동, 영화, 그림, 음악)을 찾아야 합니다. 그 한 사람을 반복해야 합니다. 늘 교환만 생각하는 머리가 아닌 반복을 사랑하는 심장이 반응하는 대상을 찾을 때, 권태를 넘어 생기 넘치는 삶에 이를 수 있습니다.

왜 사랑할 수 없을까?

사랑의 적은 경쟁자가 아니라

이기주의다

사랑의 적은 경쟁자가 아니라 이기주의입니다.

– 알랭 바디우

사랑이 사라진 시대를 삽니다. 사랑에는 두 종류가 있습니다. 공적(공동체적)인 사랑과 사적인 사랑입니다. 먼저 공적인 사랑에 대해서 이야기해볼까요? 공동체적 사랑, 즉 자신과 직접 관련되진 않지만 함께 살아가는 이들에 대한 사랑은 이미 신화가 되어버렸습니다. 생면부지의 사람을 진심으로 사랑하는 일은 세상에 존재하지 않는 동화 같은 일이 된 지 오랩니다.

정말 그렇지 않나요? 마음만 먹으면 편히 살 수 있는 유능한 사람(변호사, 의사, 독지가 등)이 고통받는 사회적 약자를 위해 가난을 감당하며 심지어 국경까지 넘나들며 헌신하는 사례를 목격하곤 합니다. 그럴 때 우리는 사랑과 감동이 아니라 의구심과 의심의 눈초리를 보내기 일쑤입니다. '얼굴도 모르는 사람을 왜 도와줘? 뭔가 꿍꿍이가 있겠지.' 이런 의구심과 의심의 시선은 공적인 사랑이 존재하지 않는다고 믿기 때문에 생기는 걸 테지요.

공동체적 사랑만 그럴까요? 사적인 사랑 역시 점점 더 사라져가고 있습니다. 사적인 사랑이란 무엇일까요? 이성애적 사랑 혹은 가족애적 사랑이 대표적입니다. 남녀가 만나 연애를 하고, 결혼을 하고, 아이를 낳아 가정을 꾸리게 되면서 자연스레 발생하는 사랑이 있지요. (세상 사람들이 실재한다고 믿는) 이 지극히 사적인 사랑마저 이제 점점 사라져만 갑니다. 이 또한 부정할 수 없을 겁니다.

서로를 사랑한다고 입버릇처럼 떠드는 연인이 데이트 비용 때문에 다투는 일은 이제 일상적 풍경이 되었습니다. 가족애 역시 마찬가지 아닌가요? 부모는 자녀를 사랑으로 보살피기보다, 돈이 얼마나 들어가는지, 그 돈이 들어간 만큼 효과를 내고 있는지 계산합니다. 이처럼 우리 시대의 사적인 사랑 역시 자본주의식 계산에 잠식된 지 오래입니다. 공동체적 사랑은 이미 화석처럼 굳은 신화가 되었고, 사적인 사랑마저 화석처럼 굳어가고 있습니다.

우리는 왜 사랑할 수 없게 되었을까요? 세상 사람들은 흔히 경쟁자들 때문이라고 답합니다. 즉, 사랑을 교살하는 적은 경쟁자라는 말이지요. 여기에는 두 가지 경쟁자가 있습니다. '나'의 사랑을 방해하는 경쟁자와 '나'와 경쟁해야 하는 경쟁자. 전자를 '사랑의 경쟁자'로, 후자를 '생계의 경쟁자'로 표현할 수 있을 겁니다.

전자, 즉 사랑의 경쟁자는 누구일까요? 흔히 말하는 삼각관계를 그려보면 알 수 있습니다. 내가 누군가를 사랑하는데, 그 사랑을 방해하려는 경쟁자가 나타날 수 있지요. 그 경쟁자만 없다면 사랑할 수 있는데, 그 경쟁자 때문에 사랑할 수 없게 되었다고 생각할 수 있습니다. 자신의 사랑을 방해하고 가로막는 그 경쟁자가 바로 사랑의 경쟁자입니다.

그렇다면 생계의 경쟁자란 누구를 말할까요? 이는 조금 더 일반적인 경쟁자입니다. 이들은 생계 문제를 두고 '나'와 경쟁해야 하는 사람들입니다. 세상 사람들은 이 경쟁자들 때문에 사랑할 수 없게 되었노라 말합니다. '왜 사랑하지 않느냐?' 이 질문에 열 명 중 여덟아홉은 세상살이가 팍팍해서라고 답합니다. 먹고살기 위해 경쟁해야 하는 이들이 많아서 사랑할 여유가 없다는 의미입니다.

사랑의 경쟁자건 생계의 경쟁자건, 사랑할 수 없는 이유가 경쟁자 탓이라는 사실은 변함이 없습니다. 정말 그럴까요? 우리는 경쟁자 때문에 사랑할 수 없는 걸까요? 전혀 그렇지 않습니다. 바디우는 이렇게 말합니다. "사랑의 적은 경쟁자가 아니라 이기주의입니다." 이 말은 어떤 의미일까요?

엄밀히 말해, 사랑에는 세 가지가 있습니다. '나'에 대한 사랑, '너'에 대한 사랑, 그리고 '우리'에 대한 사랑. 나에 대한 사랑은 자기애일 테고, 너에 대한 사랑은 사적인 사랑,

우리에 대한 사랑은 공동체적 사랑일 겁니다. 이제 처음부터 다시 물어볼까요? 사랑은 정말 사라졌을까요? 아닙니다. 여전히 견고하고 강력하게 존재하는 사랑이 있습니다. 바로 '나'에 대한 사랑입니다. 사라진 사랑은 너에 대한 사랑과 우리에 대한 사랑뿐입니다.

정직하게 우리네 삶을 돌아볼까요? 우리가 공적인(우리에 대한) 사랑이나 사적인(너에 대한) 사랑을 할 수 없게 된 이유는 무엇일까요? 사랑을 방해하는 경쟁자 때문인가요? 혹은 먹고살기 위해 다투어야 하는 경쟁자 때문인가요? 둘 다 아닙니다. 우리에 대한 사랑, 너에 대한 사랑이 사라진 이유는 바로 나에 대한 사랑, 즉 이기주의 때문입니다.

'나'의 사랑을 방해하는 경쟁자가 사랑을 앗아가는 것이 아닙니다. '너'를 사랑하기보다 '너'를 경쟁자에게 빼앗기고 싶지 않다는, 오직 '나'만 '너'를 소유하고 싶다는 이기주의(소유욕) 때문에 사랑은 파괴됩니다. '소유욕'을 사랑으로 오해하는 경우가 얼마나 많던가요? 너를 갖고 싶다는 것은 소유욕일 뿐 사랑이 아닙니다. 사랑은 소유가 아니라 존재니까요. 아니, 사랑은 소유할 수 없는 존재니까요. 소유욕을 충족하려는 지독한 이기주의가 바로 사랑의 적입니다.

생계를 위해 다투어야 하는 경쟁자 때문에 사랑할 수 없다고요? 무지하거나 기만적인 변명입니다. 다른 사람보다 뒤처지고 싶지 않다거나 다른 사람보다 앞서 나아가고 싶다는 이기주의(탐욕) 때문에 사랑이 파괴되는 것입니다. 먹고 살기 어려워서 사랑할 수 없는 것이 아닙니다. 경쟁에서 도태되어 비난받는 '나'를 견디기 어렵기에 사랑할 수 없고, 경쟁에 이겨서 관심받는 '나'를 원하기에 사랑할 수 없게 되는 것이지요. 이처럼 너와 우리를 사랑할 수 없는 것은 지독한 이기주의(소유욕, 탐욕, 명예욕) 때문인 셈입니다.

역설적이게도 사랑을 교살하는 것은 사랑입니다. 우리에 대한(공적) 사랑과 너에 대한(사적) 사랑을 교살하는 것은 바로 나에 대한 사랑입니다. 사랑의 적을 경쟁자라고 믿는 것은 환상입니다. 지독한 자기애를 가리는 환상. 진정한 행복을 바란다면 결코 잊지 말아야 할 삶의 진실이 있습니다. 지독한 자기애(이기주의)로 끝내 도달하는 곳은 홀로 남겨지는 외로움의 세계입니다. 너와 우리에 대한 사랑이 끝내 도달하는 곳은 넘치도록 함께 누릴 수 있는 기쁨의 세계입니다. 진정으로 우리네 삶을 기쁘게 해줄 사랑을 바란다면, 가장 먼저 해야 할 일은 지독한 자기애, 즉 이기주의를 버리는 일입니다.

DAILY PHILOSOPHY

진정한 사랑이란 곧 자기 부정의 사랑이다.

– 키르케고르

사랑하고 싶나요? 자신을 사랑하지 마세요! 하지만 사람들은 곧잘 "자신을 가장 사랑하세요!"라고 말합니다. 이는 삶의 진실을 보지 못하는 이의 어리석은 조언입니다. 인간은 혼자 살 수 없는 존재입니다. 누군가를 사랑하고 또 사랑받으며 살아야 하는 존재입니다. 선택 사항이 아닙니다. 인간의 실존적 조건입니다. 자기 자신을 가장 사랑할 때 사적인 사랑과 공적인 사랑은 모두 불가능해집니다. '나'를 사랑하는 만큼 '너'와 '우리'에 대한 사랑은 줄어들게 되니까요.

그러니 자신을 가장 사랑하라는 말은 얼마나 위험하며 또 무책임한 말인가요? 이는 결과적으로 너와 우리에 대한 사랑을 증발시키는 일이며, 나아가 한 인간의 실존적 조건을 파괴하는 일과 다름없으니 말입니다.

한 인간이 살아가는 데 정말 필요한 것은 '진정한 사랑'뿐입니다. 나머지 것(돈, 지식, 이념, 명예, 섹스 등)은 부차적이거나 진정한 사랑이 만들어 내는 종속물일 뿐입니다. 물론 돈과 지식, 이념, 명예, 섹스는 우리 삶에 중요한 것들입니다. 하지만 그 중요성은 진정한 사랑으로 가기 위한 디딤돌로써의 중요성 말고는 아무 가치도 없습니다.

사다리를 타고 원하는 곳에 올랐다면 이제 사다리는 필요 없습니다. 바로 이것이 진정한 사랑이란 곧 자기 부정의 사랑일 수밖에 없는 이유입니다. 우리에겐 사다리(돈, 지식, 이념, 명예, 섹스 등)가 필요합니다. 진정한 사랑에 올라야 하니까요. 하지만 진정한 사랑에 올라서는 마지막 순간, 사다리에서 발을 떼야 합니다. 그것이 바로 자기 부정의 사랑입니다. 내가 번 돈, 내가 쌓은 지식과 명예, 나를 지탱하던 이념과 섹스를 모두 부정하는 일은 자기 부정과 다르지 않을 테니까요.

진정한 사랑은 바로 그러한 자기 부정의 사랑으로만 가능합니다. 삶의 진정한 기쁨이 진정한 사랑에서 온다면, 그 기쁨에 이르는 길은 자기 사랑이 아니라 자기 부정에 있는 것인지도 모르겠습니다.

왜 스스로를 책망하게 되는 걸까?

도대체 뭐가 내 탓이오, 내 탓이오,

내 탓이란 말인가?

정신 건강은 대부분 초자아가 정상적으로 발전하는지, 즉 초자아가 사적이지 않고 객관적으로 되는지에 달려 있다.

– 프로이트

우리는 수많은 정신적 고통 속에 살아갑니다. 직장을 예로 들어볼까요? 쏟아지는 업무, 촉박한 마감 시간, 성과에 대한 압박, 상사의 노골적이거나 은근한 질책 등등. 그 모든 일은 우리에게 크고 작은 정서적 고통을 줍니다. 이런 정서적 고통은 우리네 정신 건강을 해치지요. 시도 때도 없이 치밀어 오르는 분노나 무기력감 혹은 가벼운 우울증부터 호흡이 곤란해질 정도의 공황장애에 이르기까지, 이 모든 증상은 우리 정신 건강에 이상이 생겼다는 적신호일 겁니다.

어떻게 우리의 정신 건강을 회복할 수 있을까요? 원론적인 답은 어렵지 않습니다. 정신적 고통을 줄이면 됩니다. 그렇다면 정신적 고통은 어떻게 줄일 수 있을까요? 흔히들 정신적 고통을 야기한 외부 원인을 제거해야 한다고 생각합니다. 쉽게 말해, 자신에게 스트레스를 주는 외부적인 요소(업무 과다, 촉박한 마감 시간, 성과 압박, 상사 등)들을 없애야 한다는 것이지요. 이는 정말 올바른 해법일까요? 즉, 직장을 옮기거나 상사가 바뀌어서 업무량이 줄고 마감 시간에 여유가 생기고 성과 압박을 덜 받으면 정신 건강이 회복될까요?

그렇지 않습니다. 스트레스의 외부 원인이 정신 건강을 해치긴 하지만, 우리네 정신 건강을 위협하는 근본 원인은 아닙니다. 지금은 어떤 시대인가요? 스트레스의 외부 원인(일, 인간관계, 경제적 문제 등)이 일상인 시대 아닌가요? 그럼에도 불구하고 모든 사람이 정신 건강에 문제가 생기는 것은 아닙니다. 일상적 스트레스는 우리 사회 어디에나 있지만, 정신 건강을 나름대로 잘 유지하는 이들 역시 분명 존재합니다. 왜 이런 차이가 발생할까요? 우리네 정신 건강을 위협하는 근본 원인은 외부가 아니라 내부에 있기 때문입니다.

우리 내부에 있는 그 근본적인 원인이란 무엇일까요? 바로 '자책'입니다. 스트레스의 외적 요인에도 불구하고 스스로를 책망하지 않는 이들은 자기 나름대로 정신 건강을 잘 유지하는 경향이 있습니다. 반면 스트레스의 외적 원인(일, 인간관계, 경제적 문제 등)을 모두 내적 원인(무능력, 게으름, 이기심, 나약함, 산만함 등)으로 돌리는 이들도 있습니다. 바로 이런 부류에서 정신 건강에 심각한 적신호가 발생합니다.

다시 직장의 예를 들어볼까요? 과도한 업무, 촉박한 마감 시간, 성과 압박, 상사의 질책에 시달리는 직장인이 있다고 해봅시다. 그 사람은 분명 그런 외부 원인 때문에 스트레스를 받을 겁니다. 하지만 그 외부적인 스트레스가 심각할 만큼 정신 건강을 위협하진 않습니다. 그 모든 스트레스가 자신의 무능력, 게으름, 이기심, 나약함, 산만함 때문이라고 자책할 때, 그의 정신 건강은 심각하게 위협받게 됩니다.

스트레스를 야기하는 외적 요소가 있다 하더라도, 그 원인을 모두 자기 탓으로 돌리지 않는다면 나름대로 정신 건강을 잘 유지해 나갈 수 있습니다. 이는 직장의 여러 군상을 통해 쉽게 확인됩니다. 직장에서 스트레스를 받으며 불평불만이라도 하는 이들은 나름 자신의 삶을 유지하는 경향이 있습니다. 반면 그 스트레스가 모두 자기 탓이라 여기며 깊은 자책에 빠지는 이들은 크고 작은 마음의 병(분노, 무기력, 우울증, 공황장애 등)을 얻게 되는 경우를 흔히 볼 수 있습니다.

이제 정신 건강을 잘 보살피는 방법을 알겠습니다. 그것은 '자책하지 않기(!)'입니다. 그렇다면 어떻게 자책에서 벗어나 정신 건강을 회복할 수 있을까요? 프로이트는 '정신 건강은 많은 부분 초자아에 달려 있다'고 말합니다. 즉 정신 건강의 많은 부분은 초자아와 관련됩니다. 여기서 먼저 프로이트가 인간의 마음을 어떻게 파악했는지 살펴볼 필요가 있습니다.

프로이트는 인간의 마음이 '이드', '초자아', '자아'라는 세 가지 층위로 구성된다고 말합니다. '이드(Id)'는 인간이 신체를 갖고 있기 때문에 발생하는 본능적인 마음('배고프니까 옆 사람 음식을 뺏어 먹을 거야!')이고, '초자아(Superego)'는 그 본능적인 마음을 금지하는 마음('그게 사람이 할 짓이니')입니다. '자아(Ego)'는 '이드'와 '초자아' 사이의 갈등을 절충하고 타협시키는 마음('조금만 참았다가 집에 가서 맛있는 거 먹자')입니다.

다시 말해, 초자아란 '부모'로 인해 발생한 내면화된 금지의 마음입니다. 감시하는 사람이 없어도 우리는 남의 물건을 함부로 훔치지 않습니다. 왜 그럴까요? 부모가 나쁜 짓이라고 우리 마음에 각인시켰기 때문입니다. 초자아는 (생물학적 혹은 사회, 문화적) 부모로부터 기원한 관습, 도덕, 윤리에 따른 내면화된 금지의 마음입니다. 자책하는 마음은 바로 이 초자아와 깊은 관련이 있습니다.

매우 엄격한 부모에게 자란 사람과 그렇지 않은 사람이 있다고 해봅시다. 직장 상사나 동료의 비판과 비난에 직면했을 때, 누가 더 많이 자책하게 될까요? 아마도 엄격한 부모 아래서 자란 사람일 겁니다. 왜 그럴까요? 엄격한 부모는 자녀에게 더 강력한 초자아를 물려주기 때문입니다. 이처럼 초자아는 스스로를 책망하는 마음에서 중핵을 차지합니다. 그러니 우리네 정신 건강을 잘 보살피는 데 초자아라는 마음을 잘 다루는 것만큼 중요한 일도 없을 겁니다.

초자아를 어떻게 다루어야 할까요? 자꾸만 자신을 책망하게 되니까 초자아를 없애버리면 될까요? 그렇지 않습니다. 초자아는 없앨 수도 없고, 없애는 것이 좋은 것도 아닙니다. 부모(관습, 윤리, 도덕) 없이 존재하는 사람은 있을 수 없고, 부모(관습, 윤리, 도덕)를 없애는 것이 좋은 일도 아니기 때문입니다. 그렇다면 우리는 어떻게 해야 할까요? 프로이트의 해법은 이렇습니다. "정신 건강은 많은 부분 초자아가 정상적으로 발전하는지, 즉 초자아가 사적이지 않고 객관적으로 발전하는지에 달려 있다."

프로이트는 정신 건강을 잘 돌보려면 초자아를 없앨 것이 아니라 정상적으로 발전시켜야 한다고 말합니다. 초자아의 정상적 발전은 사적이지 않게 객관적으로 발전시키는 것입니다. 전혀 어려운 일이 아닙니다. '상사(사장)'와 '아버지'는 전혀 상관없는 존재임을 깨달으면 됩니다. 우리가 타인이 아닌 스스로를 책망하는 것은 무의식적으로 특정한 타인을 부모의 자리에 두기 때문입니다.

정말 그렇지 않나요? 과도한 업무를 지시하고 부당하게 질책하는 사람은 다름 아닌 상사인데도, (그를 원망하는 것이 아니라) 스스로를 책망할 때가 있지요. 부모 앞에서 혼나던 아이의 심정과 정말 똑같지 않나요? 자책하는 마음은 특정한 상대를 (무의식적으로) 부모의 자리에 두는 동시에, 자신을 늘 반성해야 하는 아이의 자리에 두기 때문에 발생합니다.

어떤 사람 앞에서 자책하는 마음이 든다면 가장 먼저 이렇게 질문해 보세요. '그를 부모의 자리에 두고 있지는 않은가?' 자책하지 않음으로써 정신 건강을 잘 돌보기 위해 늘 새겨야 할 주문이 있습니다. '당신은 나의 부모가 아닙니다.' 이것이 바로 초자아를 사적이지 않고 객관적으로 발전시켜 나가는 방법입니다. 진정한 어른이 된다는 것은 '초자아를 얼마나 객관적으로 발전시키느냐' 하는 문제인지도 모르겠습니다.

DAILY PHILOSOPHY

수행자들이여, 그대들이 올바른 견해를 얻고자 한다면 다만 사람들의 미혹에 빠지는 일이 없어야 한다. 안을 향해서건 밖을 향해서건, 무엇인가 만나는 것이 있다면 편하게 죽여라. 부처를 만나면 부처를 죽이고, 조사를 만나면 조사를 죽여라. 나한을 만나면 나한을 죽이고, 부모를 만나면 부모를 죽이고, 친척을 만나면 친척을 죽여라.

– 임제

새로운 '부모'를 만들어 보세요. 지금 있는 부모의 말을 거스르게 해줄 새로운 부모 말입니다. 초자아는 부모가 물려준 낡은 유산입니다. 그러니 초자아가 줄어들수록 우리네 삶은 활기차질 겁니다. 하지만 초자아에 부정적 기능만 있는 것은 아닙니다. 초자아의 긍정적 기능은 바로 자기 성찰입니다. 자기중심적인 인간은 자신의 잘못을 진지하게 돌아보는 대신 남 탓을 하거나 자신을 합리화하곤 합니다. 이때 초자아는 자기 부정의 고통을 감당하며 자신을 성찰할 수 있는 공간을 열어줍니다.

이제 우리는 하나의 딜레마 앞에 섰습니다. 초자아를 줄이면 자책도 줄어 기쁨에 이를 수 있지만, 동시에 남 탓과 자기합리화를 하느라 슬픔에 빠지게 됩니다. 이 딜레마 앞에서 어떻게 해야 할까요? 슬픔의 초자아를 버리고 기쁨의 초자아를 생성해야 합니다. 슬픔의 초자아란 무엇일까요? 자신이 선택하지 않은 부모(관습, 윤리, 도덕)이자 그 부모의 닮은 꼴(선배, 상사, 사장 등)입니다. 이들은 남 탓과 자기합리화를 막아 주지만, 과도한 자책을 통해 우리네 삶을 슬픔으로 몰아넣습니다.

그렇다면 기쁨의 초자아는 무엇일까요? 자신이 선택한 '부모(관습, 윤리, 도덕)'입니다. 이는 구체적으로 누구일까요? 매혹적인 타자입니다. 그 타자는 매력적인 연인일 수도 있고, 온 마음으로 흠모하게 된 가수, 스승, 시인, 화가, 철학자일 수도 있습니다. 그들은 기쁨의 초자아입니다. 그들은 우리가 자책에 휩쓸리게 두지도 않으면서, 동시에 우리 삶을 진지하게 돌아볼 수 있도록(자기 성찰) 해주는 존재입니다.

임제 선사는 '부모를 죽이고 부처를 죽이라'고 말합니다. 그들을 없애기 위해서가 아닙니다. '올바른 견해'를 얻기 위해서입니다. 부모와 부처를 죽여야 하는 이유는, 오직 '나'이기에 만날 수 있는 부모와 부처를 만나기 위해서입니다. 새로운 부모와 부처를 통해 우리는 새로운 초자아를 형성할 수 있습니다. 그처럼 새로운 초자아를 형성함으로써, 자기 긍정과 자기 성찰 사이에서 절묘하게 균형 잡으며 행복한 삶(올바른 견해!)으로 나아가게 됩니다. 부모를 없애려 하지 말고, 새로운 부모를 만나기 위한 여행을 떠나세요.

나는 누구일까?

친구들 사이에선 왈가닥,

연인 앞에서는 새침데기.

나란 사람 대체 무엇?

흐르는 강물이 의미하는 바는 무엇인가? 그것은 같은 강물에 발을 두 번 담글 수 없다는 것이 아니다. 그것의 진정한 의미는 어떤 것들은 변화함으로써만 같아진다는 것이다.

– 헤라클레이토스

'나'는 누구일까? 누구나 한 번쯤 해본 질문일 겁니다. 세상 사람들은 나에 대해서 모르는 것이 없다고 생각하지요. 하지만 누구에게나 불현듯 나 자신이 어떤 사람인지 몰라서 혼란스러워지는 순간이 찾아오곤 합니다. 그때는 언제일까요? 바로 자아에서 벗어나게 되는 순간입니다. 자아는 무엇일까요? 자신이 생각하는 '나'입니다. 쉽게 말해, '자아'는 '나는 이런 사람이지'라는 생각입니다.

이런 자아 관념에서 벗어나는 감정, 욕망, 행동을 만나게 될 때 우리는 당혹감을 마주하게 됩니다. 내가 생각하는 나는 이해심이 많은 사람인데, 사소한 일에 갑자기 분노가 치밀어 오를 때가 있습니다. 내가 생각하는 나는 용기 있는 사람인데, 별것 아닌 위험 앞에서 비겁해질 때가 있습니다. 내가 생각하는 나는 성실한 사람인데, 대수롭잖은 변화 때문에 게을러질 때가 있습니다. 그 순간 우리는 당혹감에 휩싸이게 됩니다. 하지만 문제는 그런 당혹감 자체에 있지 않습니다.

낯선 '나'가 출현할 때의 진짜 문제는 그 당혹감('내가 대체 왜 이러지?')이 우리네 삶에 크고 작은 혼란을 야기하는 데 있습니다. 왜 이런 일이 벌어질까요? 낯선 나를 만나게 되었을 때 우리는 왜 삶의 혼란을 겪게 되는 것일까요? 자아는 세계를 맞이하는 토대이기 때문입니다. 우리는 다종다양한 세계(음식, 음악, 영화, 직장, 친구, 가족 등)를 경험하고 해석하고 받아들입니다. 그 세계의 경험, 해석, 수용의 중심에는 자아가 있습니다.

우리는 자아가 있기 때문에 특정한 음식, 음악, 영화를 경험하고 해석하고 선별해서 받아들이게 됩니다. 또 자아가 있기 때문에 직장에서는 직장인으로 행동하고, 친구를 친구처럼 가족은 가족처럼 대할 수 있지요. 이처럼 자아 덕분에 우리는 세계를 안정적으로 경험하고 해석하고 수용할 수 있습니다. 바로 이것이 '나는 누구인가?'라는 질문이 중요한 이유입니다. 낯선 나의 출현은 자아의 균열이고, 이는 일종의 정서적 지진입니다.

내가 누구인지 명료하고 분명하게 인식하지 못할 때 극심한 혼란과 불안을 겪게 됩니다. 자아('나는 이런 사람이지')는 세계를 맞이하는 토대이기 때문에, 자아가 흔들릴 때 세계를 맞이하는 토대가 뒤흔들리고 갈라질 수밖에 없습니다. 이런 정서적 지진에서 누구도 예외일 수 없습니다. 아마 이것이 세상 사람들 대부분이 의식적 혹은 무의식적으로 혼란과 불안에 휩싸여 살 수밖에 없는 이유일 겁니다. 누구든 불시에 출현하게 되는 낯선 나의 등장으로 인해, 미미하게든 격렬하게든 자아 균열('내가 누구인지 모르겠다') 상태에 빠질 수밖에 없으니까요.

우리는 왜 자아에 대해 분명하게 답할 수 없을까요? 질문 자체가 잘못되었기 때문은 아닐까요? '나는 누구인가?'를 묻기 전에 '나를 어떤 형식으로 규정하려 하는가?'를 물어야 합니다. 우리는 '자아'를 물을 때 이미 형식을 전제합니다. 자아를 '점', 즉 고정된 형태로 전제하고 규명하려고 하지요. 이것이 우리가 '나는 누구인가?'라는 질문에 명료하게 답할 수 없는 이유입니다. 잘못된 전제로는 결코 올바른 결론을 얻어낼 수 없으니까요.

이 난해한 이야기를 이해하기 위해 먼저 헤라클레이토스의 말을 들어봅시다. "흐르는 강물이 의미하는 바는 무엇인가? 그것은 같은 강물에 발을 두 번 담글 수 없다는 것이 아니다. 그것의 진정한 의미는 어떤 것들은 변화함으로써만 같아진다는 것이다." 이해하기 어렵다고요? 먼저 흐르는 강물 앞에 서 있다고 해봅시다. 우리는 그 강물을 보면서 이렇게 생각합니다. '강물이 끊임없이 흘러가는구나. 그러니까 같은 강물에 발을 두 번 담글 수는 없겠구나.' 즉, 어제의 강물과 오늘의 강물은 다른 강물이라고 생각합니다.

이는 옳은 생각일까요? 강물은 항상 흘러가기 때문에 늘 새로운 강물인 걸까요? 그렇지 않습니다. 우리는 끊임없이 흘러가는(변하는) 강물을 보며 그것이 (항상 변하지 않는) 강물이라는 사실을 인식합니다. 뒤집어 생각해 보면 더욱 명료해집니다. 만약 흘러가지 않는 강물이 있다면 어떨까요? 우리는 그것을 호수나 저수지로 인식하지 결코 강물이라고 인식하지 못할 겁니다. 강물이 강물일 수 있는 이유는 그것이 끊임없이 변화하기(흘러가기) 때문입니다. 헤라클레이토스의 말처럼 '어떤 것들은 변화함으로써만 같아지게' 됩니다.

우리의 자아 역시 이런 강물과 같습니다. 자아가 자아일 수 있는 이유는 끊임없이 변화하기 때문입니다. 자아가 변화하지 않는다면 그것은 자아가 아닐 겁니다. 친절하고 온화한 자아를 가진 이가 있다고 해봅시다. 그가 매 순간, 심지어 근거 없는 모욕과 폭력 앞에서도 친절하고 온화하다면 그에게 자아가 있다고 말할 수 있을까요? 우리는 그의 자아(정체성)를 인식하기는커녕 의심하게 될 겁니다.

"흐르는 강물이 의미하는 바는 무엇인가? … 그것의 진정한 의미는 어떤 것들은 변화함으로써만 같아진다는 것이다." 헤라클레이토스의 말은 이렇게 바꿀 수 있습니다. "'나'가 의미하는 바는 무엇인가? 그것의 진정한 의미는 나는 변화함으로써만 나일 수 있다는 것이다." 자아는 '점'이 아니라 '선'입니다. 나는 고정되어 있지 않고, 끊임없이 흘러갑니다. '나'가 나일 수 있는 이유는 자아가 고정되어 있기 때문이 아니라 끊임없이 변화해 나가기 때문입니다.

나는 누구인가? 이 질문에 답하지 못해 혼란스럽고 불안한 이유를 알겠습니다. 자아 관념을 점으로 고정해 놓고, 그것에 벗어나는 자신의 감정, 욕망, 행동을 이해하려고 하기 때문입니다. '나는 성실한 사람이야', '나는 이해심 많은 사람이야', '나는 용기 있는 사람이야' 등 우리는 자신을 특정한 자아로 고정해 놓으려 합니다. 바로 이것이 있는 그대로의 자아를 발견할 수 없는 이유입니다. 누구나 살아가면서 상황과 조건에 따라 게을러지는(분노하는, 비겁해지는) 나를 필연적으로 만날 수밖에 없으니까요.

직장에서는 게으른 나였지만 좋아하는 일을 할 때는 성실한 나일 수 있습니다. 비 오는 날에는 우울한 나였지만 청명한 하늘 아래서는 유쾌한 나일 수 있습니다. 친구 앞에서는 활발한 나이지만 연인 앞에서는 수줍은 나일 수 있습니다. 이처럼 낯선 '나'가 출현한다고 해서, 즉 수시로 자아가 변한다고 해서 '나'가 누구인지 물을 필요가 없습니다. 그 끊임없는 나의 변화 자체가 바로 진정한 나이니까 말입니다.

진짜 '나'는 누구일까요? 상황과 조건에 따라 끊임없이 변화하는 나입니다. 즉, 수없이 등장하는 낯선 '나'가 만들어 내는 끊임없는 물살 그 자체입니다. 물론 그렇다고 그 변화하는 '나'들이 어떤 경향성도 없다면, 그것 역시 진짜 나라고 말하기는 어려울 겁니다. 그런 '나'는 미숙한 변덕에 잠식당한 사람이거나 정신적으로 문제가 있는 사람일 테니까요. 진정한 나는 끊임없는 변화가 만들어 내는 경향성, 달리 말해 끊임없이 변화하는 선들이 만들어 내는 '파형'의 모습일 겁니다.

'나'는 바다입니다. 끝없이 다양한 모습의 파도가 만들어 내는 한결같은 바다. 그것이 바로 우리의 자아입니다.

DAILY PHILOSOPHY

본질이란 원래 차이다. 그러나 그 본질이 반복됨으로써 자기 자신과 같아지는 능력이 없다면 본질을 다양하게 만드는 능력, 다양해질 능력 또한 없을 것이다.

– 질 들뢰즈

일관성을 지키려 하지 마세요. 순간순간 변화하는 몸과 마음에 충실하세요. 진정한 나는 그렇게 마주하게 됩니다. 나라는 본질은 순간순간 변화하는 차이이기 때문입니다. 그렇다고 매번 차이만 지향하며 살아가면 될까요? 쉽게 말해 매번 변덕만 부리고 살면 되는 걸까요? 그렇지 않습니다. 나라는 본질은 차이이지만, 그 본질이 일정 정도 반복되지 않는다면 그 역시 나라고 말할 수 없을 겁니다. 치매나 정신질환 때문에 끊임없이 횡설수설(차이)하는 이를 두고 나라는 본질이 있다고 말하기 어려운 것처럼 말입니다.

나라는 본질은 차이(단독성)와 반복(일관성)에 관련되어 있습니다. 그런데 이 두 요소는 서로 모순되는 것처럼 보입니다. '반복'은 '차이' 없음이고, '차이'는 '반복' 없음이니까요. 나라는 본질, 즉 진정한 나는 차이와 반복 사이에 있습니다. 어떻게 그 모순 속에서 진정한 나를 만날 수 있을까요?

매혹적인 음악처럼 살아가면 됩니다. 매혹적인 음악은 분명 각 음계의 차이로 만들어지지요. 하지만 차이밖에 없다면 그것은 곧장 소음으로 전락하고 말 겁니다. 매혹적인 음악은 각 음계의 차이들이 몇 마디를 두고 반복합니다. 그 '차이'와 '반복'이 만들어 내는 하모니가 바로 음악입니다.

우리의 자아 역시 그렇습니다. 매 순간마다 차이(단독성)를 긍정해야 합니다. 하지만 차이만 있어서는 안 되겠지요. 그런 차이가 일정 기간 동안 반복(경향성)되어야 합니다. 그 차이와 반복이 만들어 내는 하모니가 바로 자아입니다. 건강한 자아란, 차이와 반복의 하모니입니다. 차이를 반복하고 그 반복이 다시 차이를 만들어 낼 때, 우리의 자아는 스스로를 다양하게 만들 수 있게 됩니다.

'나'를 알고 싶은가요? 먼저 끊임없이 변화하는 '나(음계)'를 있는 그대로 받아들여야 합니다. 그리고 그 '나(음계)'들이 만들어 내는 파형(선율!)에 귀를 기울여야 합니다.

나는 왜 내가 되었을까?

내 이름을 '다르게' 불러줄

그 사람

"헤이 거기 당신!" 만일 우리가 상정한 이론적 장면이 길거리에서 일어난다고 가정한다면, 호명된 개체는 뒤돌아볼 것이다. 이 단순한 180°의 물리적 선회로 인해 그는 주체가 된다. 왜? 왜냐하면 그는 호명이 '바로' 그에게 행해졌으며, '호명된 자가 바로 (다른 사람이 아니라) 그'라는 사실을 깨달았기 때문이다.

– 루이 알튀세르

'나'는 왜 '나'가 되었을까요? 이는 난해한 질문도 괴상한 질문도 아닙니다. 우리는 모두 저마다의 정체성을 갖고 있습니다. 어떤 이는 괴팍한 '나'이고 어떤 이는 자상한 '나'입니다. 어떤 이는 열정적인 '나'이며 어떤 이는 무심한 '나'입니다. 어떤 이는 성급한 '나'이며 어떤 이는 느긋한 '나'이지요. 어떤 이는 경제적인 '나'이며 어떤 이는 예술적인 '나'입니다. 이처럼 우리 모두는 저마다 '나'라고 정의할 수 있는 어떤 특성을 갖고 있습니다.

그렇다면 우리는 어떻게 그런 '나'가 되었을까요? 운명적이거나 유전적인 결과일까요? 그렇지 않습니다. 우리에게 지금의 '나'가 될 수밖에 없는 어떤 원인(사주팔자, 유전자 등)이 있다고 하더라도, 그 원인은 반드시 외부적 조건과 상호작용을 할 수밖에 없습니다. 지금의 나는 내적 원인(사주, 유전자)과 외적 조건(환경)이 상호작용한 결과입니다. 한날한시에 태어난 쌍둥이도 그 정체성이 천차만별인 경우가 이를 증명합니다.

우리는 우리가 될 수 있었던 수많은 '나' 중에서 지금의 '나'가 되었을 뿐입니다. 달리 말해, 지금의 '나'가 괴팍한(무심한, 성급한) '나'더라도, 그 '나'는 자상한(열정적인, 느긋한) '나'가 될 수도 있었을 겁니다. 바로 이런 이유 때문에, 지금 자신의 모습이 탐탁지 않은 이들이 '나'는 왜 지금의 '나'가 되었는지를 더 자주 묻게 되는 것일 테지요. 지금의 (탐탁지 않은) '나'가 된 이유를 찾으면 (내가 바라는) 다른 '나'로 변할 수 있을 것이란 희망을 품을 수 있으니까요.

그렇다면 우리는 어떻게 지금의 '나'가 되었을까요? 알튀세르라면 '호명(呼名: 이름 부르기)' 때문이라고 답할 겁니다. 길을 걷고 있을 때 누군가 "헤이 거기 당신!"이라고 우리를 부른다고 해봅시다. 그때 우리는 뒤를 돌아보게 되겠지요. '이 단순한 180°의 물리적 선회에 의해서' 우리는 '주체', 즉 바로 '나'가 됩니다. 달리 말해 누군가가 우리를 '호명'하고, 그 호명된 자가 다른 누구도 아닌 바로 '나'라는 사실을 깨달을 때 우리는 비로소 '나'가 된다는 겁니다.

쉽게 말해, 누군가 '나'의 이름을 부를 때 '나'가 됩니다. 이것이 알튀세르의 '호명 이론'입니다. 이 이론은 난해하기보다 황당합니다. 겨우 이름을 부르는 것에서 '나'라는 존재가 만들어지다니요. 하지만 이는 삶의 진실을 아주 날카롭게 통찰하는 논의입니다. 예를 들어볼까요? 이도혁이라는 늘 소심한 아이가 있다고 해봅시다. 그 아이는 왜 소심해졌을까요? 부모가 그 아이를 "이도혁!"이라고 불렀기 때문입니다.

여기서 중요한 것은 호명 자체가 아니라, 누가 (정확히는 어떤 사회구조에서) 호명했느냐입니다. 도혁의 어머니는 급한 성격에 청결 강박이 있는 사람이었고, 아버지는 다혈질의 원칙주의자였습니다. 방이 조금만 어지러워도 어머니는 아이를 다그치듯 불렀습니다. "이도혁!" 학교에 지각하거나 준비물을 잊었을 때, 아버지는 아이를 윽박지르듯 불렀습니다. "이도혁!" 부모의 호명에 "네"라고 답하는 순간 아이에게는 '주체(나)'가 만들어질 수밖에 없습니다. 방을 더럽힐까 실수할까 늘 조마조마하느라 주눅 들어 있는 소심한 나(!)가 되어버린 겁니다.

반대로 권민주라는 아이가 늘 여유 있고 명랑한 '나'가 된 이유도 마찬가지입니다. 주변(가족, 친척, 선생, 친구 등) 사람들이 그 아이를 "민주야~"라며 차분하고 밝고 따뜻하게 불러주었기 때문일 겁니다. 아이들만 그럴까요? 전혀 그렇지 않습니다.

황진규라는 사람이 있다고 해봅시다. 그는 대학생일 때는 도전적이고 열정적인 '나'였으며, 군대에서는 경직되고 폭력적인 '나'였고, 직장에서는 무기력하고 순종적인 '나'였습니다. 그는 왜 그렇게 되었을까요? 대학생 때의 "진규야~"라는 호명이 도전적이고 열정적인 주체(나)로, 군대에서의 "황 일병!"이라는 호명이 경직되고 폭력적인 주체(나)로, 직장에서의 "황 대리!"라는 호명이 무기력하고 순응적인 주체(나)로 만들었기 때문입니다.

"이도혁!", "권민주!", "황진규!" 이처럼 누군가 불러서 뒤를 돌아볼 때, 우리는 주체가 됩니다. 우리는 태어나는 순간에는 아무런 존재도 아닙니다. 하지만 시간이 지나 어느 순간, "황진규(권민주)!"라는 호명에 대답하게 되는 때가 옵니다. 그때가 바로 나의 정체성이 확증되는 순간입니다. "황진규(권민주)!"라는 호명에 응답하는 순간 그 사람은 한국인이고, 황(권)씨 성을 가졌고, 대학생(중학생)이고, 노동자(자본가)의 아들(딸)이라는 주체로 탄생하게 됩니다.

알튀세르는 이렇게 설명합니다. "이처럼 우리가 호명이라고 일컫는 매우 정확한 사건이 개인들을 주체로 '변형'시키는 방식으로 활동하고 '작용'함을 암시하는 것이다." 즉 누군가 이름을 부르고 "네"라고 답하는 과정에서 한 개인의 생각, 판단, 행동 등 한 사람을 규정하는 주체성이 성립하게 된다는 겁니다. 호명 이론은 사회적 차원으로 확장해 볼 수 있습니다.

한국과 스웨덴의 직장을 예로 들어봅시다. 한국의 직장에서 "황진규"라는 호명과 스웨덴의 직장에서 "다르덴"이라는 호명은 같은 주체(나)를 의미하지 않습니다. "황진규"라는 호명은 직장에서 주눅 들어 눈치를 보거나 굽실거리는 주체를 성립하는 반면, "다르덴"이라는 호명은 자본가(사장)와 동등한 존재로서 주체를 성립하게 됩니다. 일반적으로, 한국 사회(직장)에서의 호명은 인간보다 자본이 더 높은 가치를 갖는 관계에서의 호명이고, 스웨덴 사회(직장)에서의 호명은 자본보다 인간이 더 높은 가치를 갖는 관계에서의 호명이기 때문일 겁니다.

이처럼 누군가 우리의 이름을 부르는 것은 단순한 호명에 그치지 않습니다. 그 호명은 '항상-이미' 구성되어 있는 특정한 사회관계(가정, 학교, 군대, 직장, 자본주의, 사회주의, 경쟁 중심 사회, 복지 중심 사회…)에서의 호명이고, 바로 이 호명이 특정한 '나'를 형성하게 됩니다.

'나'는 왜 '나'가 되었을까요? 지금의 '나'가 어떤 모습이든, 특정한 사회관계의 호명 아래서 살아왔기 때문입니다. 지금 나의 모습이 마음에 들지 않는다고 자책할 필요는 없습니다. 그것은 우리의 잘못이기보다 '항상-이미' 존재해왔던 사회관계에서의 호명 때문이니까요. 지금 나의 모습이 마음에 든다고 우쭐할 필요도 없습니다. 그것은 자신의 노력이기보다 '항상-이미' 존재해왔던 사회관계 아래서의 호명 때문일 뿐이니까요. '나'는 그저 이름 불린 '나'일 뿐입니다.

DAILY
PHILOSOPHY

내가 그의 이름을 불러주었을 때, 그는 나에게로 와서 꽃이 되었다.

– 김춘수

다른 '나'가 되고 싶나요? 우리의 이름을 '다르게' 불러줄 사람을 찾아보세요. 여기서 '다르게'에는 두 가지 방식이 있습니다. 이름 자체를 다르게 불러주는 방식과 같은 이름을 다르게 불러주는 방식입니다.

먼저 이름 자체를 다르게 불러주는 방식부터 이야기해 볼까요? 우리는 언제 가장 다른 '나'가 될까요? 바로 사랑받을 때입니다. 연인의 애칭이 삶의 이런 진실을 가장 잘 드러냅니다. '나'의 이름이 있지만 연인은 나를 "애기야", "이쁜이" 등등으로 불러줄 때가 있지요. 연인이 우리의 이름을 다르게 불러줄 때, 우리는 기존의 '나'가 아닌 '애기'가 되고 '이쁜이'가 됩니다. 이렇게 우리는 다른 '나'가 되곤 합니다.

같은 이름을 다르게 불러주는 방식도 있습니다. 우리는 언제 다른 '나'가 될까요? 다른 사회적 관계로 들어가게 될 때입니다. 다른 나라로 이민이나 유학을 간 경우를 생각해 볼까요? 이민이나 유학을 가서도 자신의 이름을 계속 유지할 순 있습니다. 하지만 한국에서 호명("김영순")과 외국에서의 호명("김영순")은 이름만 같게 부를 뿐 사실은 전혀 다른 호명입니다. 한국의 사회관계에서 호명된 "김영순"과 미국의 사회관계에서 호명된 "김영순"이 형성하는 주체는 전혀 다를 수밖에 없습니다.

역설적이게도 호명 이론에서 중요한 건 호명이 아닙니다. 주체를 성립하는 호명에서 중요한 건 이름 그 자체가 아닙니다. 이름이 불리는 사회적 관계입니다. '나'를 "김영순"이라고 부르든 "애기야"라고 부르든 "이쁜이"라고 부르든 사실 아무 상관이 없습니다. '나'를 호명하는 '너'가 중요합니다. 그 '너'만 있다면 애칭으로 부르든 이름을 부르든 '나'는 기존의 '나'를 벗어나 새로운 '나'가 될 테니까요. 그러니 중요한 것은 호명이 아니라 나의 이름을 '다르게(!)' 호명해 줄 '너'입니다.

지금의 '나'를 벗어나 새로운 '나'가 되고 싶다면 '너'를 찾아보세요. 나의 이름을 다르게 불러줄 소중한 '너' 말입니다. 김춘수 시인은 "내가 그의 이름을 불러주었을 때, 그는 나에게로 와서 꽃이 되었다"고 말합니다. 우리는 왜 누군가의 '꽃'이 되지 못했을까요? 우리가 꽃이 될 수 있는 호명을 아무도 해주지 않았기 때문일 겁니다.

아직 꽃이 되지 못한 이들을 위해 김춘수 시인의 이야기를 감히 이렇게 바꾸고 싶습니다.

"내가 그의 이름을 '새롭게' 불러주었을 때, 그는 나에게로 와서 '새로운' 꽃이 되었다."

어떻게 나를 배려할 수 있을까?

자기 배려는

매일매일 연마해야 하는 수행이다

자기 배려(epimelesthai heautou)는 중요한 의미를 하나 가지고 있습니다. … 이 말의 어원은 … '수련하다', '단련하다'라는 의미를 갖습니다. … '배려(epimelesthai)'는 정신적인 태도라기보다는 행동의 형식, 응용적이고 규칙화된 경계 행위라는 의미에 훨씬 가깝습니다.

자기 본래 상태의 회복을 위해 스스로를 다시 세울 수 있는 수단이 존재합니다. 단 한 번도 되어본 적 없는 자기 되기가 바로 자기 실천의 가장 핵심적인 요소 중 하나이며 중심 주제입니다.

– 미셸 푸코

"다른 사람을 배려하기 전에 자신부터 배려하세요." 익숙한 조언입니다. 그리고 정말이지 옳은 말입니다. 우리네 삶이 언제 가장 불행해질까요? 다른 사람 눈치 보느라 정작 자신을 위해서 살지 못하게 될 때입니다. 우리네 삶이 언제 가장 행복해질까요? 다른 누구보다 자신을 잘 돌보며, 가장 먼저 배려할 때일 겁니다. 그러니 우리 삶을 잘 살기 위해 가장 중요한 것은 다른 누구도 아닌 자신을 가장 먼저, 가장 잘 배려하는 일입니다.

그렇다면 자신을 배려한다는 건 어떤 것일까요? 흔히들 그 대상(타인이든 자신이든)을 친절하고 상냥하게 대하는 일이라고 여깁니다. 하지만 진정한 배려는 그런 것이 아닙니다. 배려가 무엇인가요? 특정한 대상을 도와주거나 보살피려는 마음입니다. 그러니 진정한 배려는 상대와 상황에 따라 그 형식이 달라질 수밖에 없습니다. 진정으로 누군가를 돕고 보살핀다는 것은 상대와 그 상대가 처한 상황에 따라 달라질 수밖에 없으니까요.

배고픈 이에게 음식을 주는 것이 배려인 것처럼, 체력이 약한 이에게 운동을 강권하는 것 역시 배려입니다. 더위에 지친 아이에게 시원한 음료를 주는 것이 배려인 것처럼, 감기에 걸린 아이에게 아이스크림을 뺏는 것이 진정한 배려입니다. 이처럼 진정한 배려는 때로 불친절이나 다그침 혹은 강압적인 양상으로 드러날 수도 있습니다.

자기 배려 또한 마찬가지입니다. 그것은 단지 자신을 친절하고 상냥하게 대하는 일이 아닙니다. 푸코는 자기 배려가 친절함이나 상냥함 같은 '정신적인 태도라기보다 행동적인 형식, 응용적이고 규칙화된 경계 행위'에 훨씬 가깝다고 말합니다. 즉 자기 배려는 '수련하다' 혹은 '단련하다'라는 의미를 갖는 일종의 수행(修行)입니다. 쉽게 말해, 자기 배려는 어떤 경지에 이르기 위해 매일 무술이나 운동을 수련하고 단련하는 행동적이고 규칙적인 수행의 이미지에 가깝습니다.

"내가 돈에 집착하는 것은 가난했던 과거 때문이야", "내가 게으른 건 직장 일이 많아서야." 이런 태도는 과연 자기 배려일까요? 늘 돈에 집착하느라 주변 사람에게 크고 작은 상처를 주는 이가 자기 문제를 친절하고 상냥하게 합리화, 정당화하려는 태도는 결코 자기 배려가 아닙니다. 직장 일을 할 때 말고는 항상 무기력해져 있는 이가 자신의 문제를 상냥하고 친절하게 합리화, 정당화하려는 태도는 결코 자기 배려가 아닙니다.

자기 배려는 때로 자신을 불친절하게 다그치고 강압적으로 대하는 태도입니다. 그렇다고 자신을 부정하거나 학대하라는 말은 절대 아닙니다. 오히려 자기 배려는 진정으로 자신을 긍정하며 돕고 보살피는 태도에 가깝습니다. 매일 붓글씨를 수련해 일가를 이루는 서예가나 매일 신체를 단련해 일가를 이루는 무예가처럼, 자신의 삶 안에서 때로는 엄격하고 고된 반복적 수행을 통해 이르는 경지가 바로 자기 배려입니다.

푸코는 이런 수행을 '자기 실천'이라고 합니다. 푸코는 진정한 자기 배려에 이르기 위해서는 부단한 자기 실천의 과정이 필요하다고 말합니다. 그렇다면 자기 실천의 과정에서 이르게 되는 자기 배려는 어떤 모습일까요? 그것은 '자기 되기'입니다. 푸코에 따르면, 자기 실천은 '자기 본래 상태의 회복', 진정한 '나'로 돌아가는 과정입니다. 푸코는 '자기 실천의 가장 핵심적인 요소'에 대해 이렇게 설명합니다. "단 한 번도 되어본 적 없는 자기 되기!" 이는 생경한 이야기일 순 있겠으나 난해하진 않습니다.

체력이 약한 이들에게 운동을 가르친 적이 있습니다. 그 수업을 들었던 이들은 하나같이 운동과는 전혀 상관없는 인생을 살아온 사람들이었습니다. 몸 쓰는 법을 알지 못하는 사람들에게 때로 그 수업은 다소 엄격하고 강압적이고 고되었을 겁니다. 그 수업을 한 번도 거르지 않고 충실히 운동했던 이가 있었습니다. 항상 정적이고 차분하며 절제된 생활을 하는 이였습니다. 그는 그 운동 수업을 정말 수행처럼 임했습니다.

수업이 끝나는 날 그가 말했습니다. "폭발적인 운동에 흥미가 생겼어요." 그가 보여준 것이 바로 '자기 배려'입니다. 그는 '자기 실천'을 통해 '단 한 번도 되어본 적 없는 자기 되기'에 이르렀습니다. 이제껏 그는 숨이 턱까지 차며 근육이 찢어질 것 같은 폭발적인 운동은 자신과 전혀 상관없는 일이라고 여기며 살아왔습니다. 하지만 불편하고 불쾌하며 때로는 고통스럽기까지 한 '행동의 형식, 응용적이고 규칙화된 경계 행위'를 기꺼이 견뎌내었습니다. 그런 자기 실천을 통해, 자신 안에 있었지만 미처 발견하지 못했던 자신을 발견함으로써 '단 한 번도 되어본 적 없는 자신'이 되었습니다. 진정으로 자신을 배려한다는 것은 그런 것입니다.

"나는 차분한 사람이야", "나는 다혈질이야", "나는 돈이 가장 중요한 사람이야", "나는 운동과는 관계없는 사람이야", "나는 사람들과 마찰을 빚기보다 원만히 지내고 싶은 사람이야." 이처럼 우리는 모두 자신이 어떤 사람인지 알고 있습니다. 하지만 자신에 대한 이런 앎은 단지 믿음일 뿐 진실이 아닙니다. 우리네 삶을 있는 그대로 살펴볼까요? 우리의 인생은 그 시작부터 특정한 훈육(가정, 학교, 국가 등)에 의해 특정한 자아가 자리 잡습니다. 그런 자아를 '나'라고 믿고 있을 뿐입니다.

훈육된 자아는 진정한 '나'가 아닙니다. 그 자아 안에는 언제나 오류, 왜곡, 악습, 의존성이 도사리고 있기 때문입니다. 훈육된 자아는 진정한 '나'를 오해하는 오류를 범하게 만듭니다. 또 지속적인 훈육을 통해 내면화된 악습과 의존성 때문에 진정한 '나'를 끊임없이 왜곡하게 마련입니다. 기존의 (차분한, 다혈질의, 원만한, 계산적인) '나'를 진정한 '나'라고 믿는 것은 훈육된 자아에 똬리를 틀고 있는 오류, 왜곡, 악습, 의존성을 넘어서지 못한 결과일 뿐입니다.

자기 실천을 통해 우리 안에 있는 오류, 왜곡, 악습, 의존성을 넘어서야 합니다. 자기 실천은 분명 불편하고 불쾌하며 낯설고 고될 수 있습니다. 하지만 이는 우리네 삶에서 결코 우회할 수 없는 실천 중 하나입니다. 자기 실천을 통해서만, 우리 내면 깊은 곳에 가해진 훈육 때문에 결코 드러날 기회가 없었던 자기 모습을 발견하고 긍정할 수 있기 때문입니다. 자기 발견과 자기 긍정을 통해, 특정한 훈육으로 말미암아 속박되어 있던 진짜 '나'를 해방하는 것. 그것이 바로 진정한 자기 배려입니다.

DAILY PHILOSOPHY

전향은 자기로 향해 가는 활동, 자기에게 시선을 떼지 않는 활동, 자신을 결정적인 목표로 고정하는 활동, 그리고 궁극적으로 자기에 도달하거나 되돌아가는 행위로 규정됩니다.

– 미셸 푸코

자신을 배려하고 싶은가요? '전향'하세요. 전향이 무엇인가요? 기존의 가치관을 전면적으로 바꾸는 것입니다. 정치적 전향이나 종교적 전향이 대표적일 겁니다. 기존의 정치적 이념을 전면적으로 바꾸거나(진보→보수) 기존의 종교적 믿음을 전면적으로 바꾸는(기독교→이슬람교) 일이 이에 해당합니다.

자기 배려를 위한 전향이란 어떤 의미일까요? 자신을 배려하고 싶다면, 어느 정도 과거의 자신과 결별해야 한다는 의미일 겁니다. "나는 원래 운동을 싫어해", "나는 직장생활이 제일 잘 맞아", "나는 안정적인 생활이 편해", "나는 사람들과 어울리는 걸 잘 못해." 누구에게나 이런 자신의 가치관이 있지요. 진정으로 자신을 배려하고 싶다면, 기존의 자기 모습(가치관)과 결별하며 전향해야 합니다. 전향, 즉 기존의 자기 모습을 포기하지 않은 채 자기를 구원할 수는 없기 때문입니다.

어째서일까요? 지금 우리가 '나'라고 믿는 모습(가치관)들은 대부분 특정한 훈육으로 포획된 모습에 지나지 않습니다. 게으른 '나', 소극적인 '나', 관심과 인정을 원하는 '나', 돈이 좋은 '나', 안정적인 생활을 바라는 '나'. 이 모든 '나'는 부모, 교사, 사회에 훈육된 '나'일 뿐입니다. 그러니 진정으로 자신을 배려하기 위해서는 지금껏 부여잡고 있는 '나'의 특성들을 과감하게 포기할 수 있어야 합니다.

자기 배려를 위한 전향은 대단히 거창하거나 어려운 일이 아닐 수도 있습니다. 귀찮고 힘들더라도 운동을 꾸준히 해보는 것, 불편하고 불쾌하더라도 타인의 관심과 인정에서 벗어나는 시도를 해보는 것, 위험하더라도 불안정하고 가난한 삶을 기꺼이 경험해 보는 것. 그 모든 일들이 전향입니다. 인생에 한 번쯤은 과감하게 전향할 수 있어야 합니다.

과거의 훈육된 '나'와 결별하는 전향이 자신을 진정으로 구원할 수 있는 자기 배려의 길을 열어주기 때문입니다.

진정한 대화는 어떻게 가능할까?

내 세계의 한계를 넘어서

너의 세계로 들어갈 때

우리가 '언어'라고 부르는 것은 무엇보다도 먼저 우리 일상의 언어 장치, 날말의 언어 장치다.

내가 규칙을 따를 때, 나는 선택하지 않는다. 나는 규칙을 맹목적으로 따른다.

– 비트겐슈타인

우리는 많은 대화를 하며 삽니다. 하지만 진정으로 말이 통하는 '대화'는 얼마나 될까요? 친구와의 대화, 직장에서의 대화, 심지어 가족과의 대화에서도 이해를 통한 공감에 이르기보다 오해로 인한 상처에 이르는 경우가 더욱 일반적입니다. 그처럼 서로의 속내를 진심으로 이해하고 공감하며 교감하는 대화는 정말 드물지요. 왜 그런 일이 일어나는 것일까요? 어째서 이해를 통한 공감의 대화보다 오해로 인한 상처의 대화가 더 일반적일까요?

세상 사람들은 흔히 언어(말, 글)를 잘 사용하지 못하기 때문이라고 진단합니다. 쉽게 말해, 말하려는 바를 상대에게 명확하고 조리 있게 전하지 못하기 때문이라는 거지요. 사실일까요? 전혀 그렇지 않습니다. 누구보다 언어(말, 글)를 명확하고 조리 있게 사용한다는 논객들의 흔한 토론이 이를 잘 증명하지 않나요? 그들의 토론에서 서로의 속내를 이해해서 공감하고 교감하는 경우를 본 적 있나요? 아마 없을 겁니다. 대부분의 토론은 오해로 인한 다툼의 향연이니까요.

소통이 아닌 불통의 대화를 하게 되는 진짜 이유는 무엇일까요? 우리가 언어를 잘못 사용하기 때문이 아니라 언어 자체를 오해하기 때문입니다. 어떤 의미일까요? 흔히 언어를 사회적 약속이라고 말합니다. 즉 "핸드폰 어디 있어?"라고 말해야지 "폰핸드 어디 있어?(약속된 낱말의 파괴)" 혹은 "있어 어디 핸드폰(약속된 문법의 파괴)"이라고 말해서는 안 된다는 것이지요.

이는 '언어의 본질은 사회적 약속에 있다'는 관점입니다.

이 관점은 옳을까요? 이보다 삶의 진실을 모르는 어리석은 견해도 없을 겁니다. 실제 삶에서 언어의 본질은 '사회적 약속'이기보다 '개인적 약속'에 가깝습니다. 물론 그렇다고 대화를 하면서 모든 사회적(문법적) 약속을 파괴해도 된다는 뜻은 아닙니다. 사과를 요구하며 "과사 하나 갖다 줘"라거나 "줘 갖다 사과"라고 말해서는 안 될 겁니다.

분명 언어(대화)는 사회적 약속 아래 작동합니다. 하지만 실제 우리네 언어(대화)에서는 그 사회적 약속 아래 존재하는 수많은 개인적(일상적) 언어들이 작동하고 있습니다. 이를 두고 비트겐슈타인은 '언어라고 부르는 것은 무엇보다도 먼저 우리 일상의 언어 장치'라고 말합니다. 쉽게 말해 언어의 본질은 우리네 일상에서 개인적으로 사용하는 데 있다는 뜻입니다. 난해한 이야기일 수 있으니 예를 들어봅시다.

"너를 하늘만큼 사랑해"라고 말하는 이와 "널 존나 사랑해"라고 말하는 이가 있습니다. 이 둘은 언어의 사회적 약속을 파괴했을까요? 그렇지 않습니다. 그렇다면 이 둘은 서로 다른 이야기를 하고 있나요? 그렇지도 않지요. 모두다 '너를 아주 많이 사랑한다'는 이야기를 하고 있습니다. 그런데 어째서 서로 다른 언어를 쓰는 것일까요? 전자는 '아주 많이'를 "하늘만큼"이라고 표현하는 일상에서 살아왔고, 후자는 "존나"라고 표현하는 일상을 살아왔기 때문입니다.

이처럼 실제 삶에서 언어는 '사회적 약속'이기보다 한 사람의 삶의 맥락이 만들어 내는 '개인적 약속'에 가깝습니다. 그렇기에 우리는 누군가와 대화를 나누며 이해를 통한 공감보다 오해를 통한 다툼에 휘말리기 십상입니다.

"널 존나 사랑해!" 누군가 이렇게 사랑을 고백해 온다면 어떨까요? 그 사랑의 마음을 이해하고 공감하기 어려울 겁니다. 오히려 "왜 욕을 하고 그래?"라며 상대의 마음을 오해해서 다투고 상처 주게 될지도 모릅니다. 이제 왜 진정한 대화가 그토록 드물고 어려운지 알겠습니다. 세상 사람들이 언어를 개인적 약속의 산물로 보기보다 (자신의 개인적 일상을 중심으로 한) 사회적 약속으로 간주하기 때문일 겁니다.

그렇다면 우리는 어떻게 진정한 대화를 할 수 있을까요? 비트겐슈타인은 이렇게 답해줍니다. "내가 규칙을 따를 때, 나는 선택하지 않는다. 나는 규칙을 맹목적으로 따른다." 어떤 의미일까요? 여기서 비트겐슈타인이 말하는 '규칙'은 언어 규칙입니다. 보편적인 사회적 약속으로서의 규칙이 아니라 한 사람의 삶의 맥락(일상)이 만들어 낸 개인적 언어 규칙 말입니다. 그 개인적 규칙, 즉 '나'의 일상적 규칙과는 너무 다른 '너'의 일상적 언어 규칙을 맹목적으로 따를 때 진정한 대화는 가능합니다.

이제 진정한 대화가 어떻게 가능한지 알 것 같습니다. 진정한 대화의 시작은 상대의 언어 규칙을 파악하는 일입니다. 더 나아가 자기 삶의 맥락에서 고착된 언어 규칙을 고집하지 말고, 상대의 언어 규칙을 맹목적으로 따라야 합니다. 바로 그때 진정한 대화, 즉 공감과 교감의 대화가 가능합니다.

진정한 대화는 언제 펼쳐지게 될까요? "너를 존나 사랑해!"라는 '너'의 말을 "너를 아주 많이 사랑해"라고 들을 수 있을 때입니다. “나도 너를 하늘만큼 사랑해”라는 말 대신 “나도 너를 존나 사랑해!”라고 ‘너’에게 말해줄 때입니다. 자신의 언어 규칙을 버리고 상대의 언어 규칙 속으로 기꺼이 뛰어들 때 우리는 진정한 대화에 가닿게 될 겁니다. 진정한 대화란, 어찌 보면 굉장히 쉬운 일일 수도 또 어찌 보면 불가능하리만치 어려운 일일지도 모르겠습니다.

DAILY PHILOSOPHY

내 언어의 한계들은 내 세계의 한계들을 의미한다.

– 비트겐슈타인

진정한 대화를 하고 싶은가요? '말'에서 눈을 떼고 '삶'을 들여다보세요. 한 사람의 언어는 그의 '말'과 '글'에 있지 않습니다. '삶'에 있습니다. 한 사람의 언어는 그 사람이 걸어온 삶에 있습니다. 우리에게 불쾌함과 불편함을 주는 언어(말, 글)를 사용하는 이들이 있지요. 어떤 이는 지나치게 거친 욕설을, 또 어떤 이는 불필요하게 어려운 말이나 외국어를 섞어 씁니다. 그들의 말(글)을 보려 한다면 우리는 그들과 결코 대화할 수 없습니다.

그렇다면 어떻게 해야 그들과 대화할 수 있을까요? 왜 그들이 그런 언어를 사용할 수밖에 없게 되었는지 이해해야 합니다. 그러기 위해서는 우선 그들의 삶을 들여다보아야겠지요. 욕설을 자주 쓰는 이는 그럴 수밖에 없는 삶에서 웃고 울었을 것이며, 어려운 용어와 외국어를 섞어 쓰는 이는 그런 삶에서 웃고 울었을 겁니다. 그의 말(언어)이 아니라 그 삶(일상)을 보아야 합니다. 기뻤고 슬펐던, 웃고 울었던 그의 삶에 그의 말(일상의 언어 장치!)이 있으니까요.

비트겐슈타인의 말처럼 '내 언어의 한계는 내 세계의 한계'입니다. 이는 '내가 사용하는 언어의 크기가 내 세계의 크기'라는 단순한 의미가 아닙니다. '내 언어의 한계를 넘어 너의 언어로 들어갈 때, 내 세계의 한계를 넘어 너의 세계로 들어갈 수 있다'는 의미마저 담고 있을 겁니다.

"내 언어의 한계들은 내 세계의 한계들을 의미한다." 젊은 비트겐슈타인의 치기 어린 말은 이제 이렇게 바꾸는 편이 좋겠습니다. "내 세계의 한계를 넘어서 너의 세계로 들어갈 때, 내 언어의 한계를 넘어 너에게 갈 수 있다." 진정한 대화란 그런 것입니다.

왜 망설이기만 하는 걸까?

당신이 무엇을 상상하든,

실제는 완전히 다르다

인간은 실천을 통해서 자신의 사유가 진리인지, 실재성과 힘을 갖는지, 이 세상에 속하는지를 판단해야 한다.

– 마르크스

"이렇게 살고 싶지 않았는데." 우리는 종종 주변에서 신세 한탄을 하는 이들을 봅니다. 노년에 접어든 사람들이 회한에 잠겨 이런 신세한탄을 하곤 하지요. 젊은이들 역시 크게 다르지 않습니다. 전공이 적성에 맞지 않는 대학생, 이미 사랑은 끝났지만 이별하지 못하는 연인, 직장이 불만족스러운 직장인, 결혼을 후회하며 함께 사는 부부. 이들 또한 "이건 내가 바랐던 삶이 아니었는데"라며 신세를 한탄합니다.

어쩌면 회한에 잠긴 노인과 후회하는 젊은이는 서로 상관없는 이들이 아닌지도 모릅니다. 신세한탄을 하던 대학생이, 연인이, 직장인이, 부부가 나이 들어 깊은 회한에 잠긴 바로 그 노인이 되니까요. 그렇다면 왜 많은 이들이 원치 않는 삶 속에서 신세한탄을 하며 살아가고 있을까요? 거기에는 많은 현실적 이유가 있을 겁니다.

우리는 안정적인 직업이 보장된다는 이유로 적성에 맞지 않는 전공을 이어갑니다. 만날 때마다 싸우지만 사귄 지 오래되어 서로 익숙하기에 연인 관계를 지속하기도 하고요. 직장생활이 숨 막히지만 먹여 살려야 하는 처자식 탓에 사표를 던지지도 못하지요. 이혼했을 때 치러야 하는 정서적, 경제적 문제 때문에 마지못해 결혼생활을 계속하기도 합니다. 이처럼 저마다의 현실적인 이유가 스스로 원치 않는 삶을 이어가게 만드는 하나의 원인일 겁니다. 하지만 근본적인 원인은 될 수 없습니다.

근본적인 이유는 '우유부단함'입니다. 조금 야박하게 말해도 좋을까요? 원치 않는 삶을 이어가게 하는 수많은 현실적인 이유들은 모두 자신의 우유부단함을 정당화하는 변명이거나 핑계인지도 모릅니다. 주변을 한번 돌아보세요. 전공을 바꾸면 안 되는 이유, 이별할 수 없는 이유, 사표 내지 못하는 이유, 이혼하면 안 되는 이유 등 수많은 이유에도 불구하고 삶의 방향을 과감하게 바꾸는 이들은 분명 존재합니다. "이렇게 살고 싶지 않았는데." 이 신세한탄의 근본적인 이유는 바로 우리 안에 있는 우유부단함입니다.

그렇다면 이제 궁금해집니다. 왜 어떤 이는 강단 있게 결단하고, 또 어떤 이는 늘 망설이며 우유부단할까요? 천성, 즉 타고난 성격이나 기질의 문제일까요? 쉽게 말해, 일단 저지르고 보는 성격이나 기질을 타고난 사람이 강단 있게 결정할 수 있는 걸까요? 삶의 한 단면만 보면 그런 것도 같습니다. 하지만 연속적인 삶 전체를 살펴보면 전혀 그렇지 않습니다. 그들의 결단력은 지속하기 힘든 경우가 대부분이기 때문입니다.

기질적으로 강단 있는 사람은 잠시의 '결단' 뒤 이내 다시 '우유부단함'으로 돌아옵니다. 일단 저지르고 보는 이들은 한두 번은 강단 있게 결단(자퇴, 이별, 퇴사, 이혼 등)을 내릴 수 있습니다. 하지만 그들의 결단은 항상 성급하고 경솔했기에 반드시 크고 작은 후회를 낳게 됩니다. 이것이 기질적으로 강단 있는 이들이 시간이 지나 오히려 더 우유부단해지는 이유입니다. 삶은 성격(기질)만으로 헤쳐 나갈 수 있을 만큼 녹록한 것이 아니니까요.

그렇다면 우유부단함을 넘어설 수 있는 강단은 어디서 올까요? 마르크스는 이렇게 답합니다. "인간은 실천을 통해서 자신의 사유가 진리인지, 실재성과 힘을 갖는지, 이 세상에 속하는지를 판단해야 한다." 어떤 의미일까요? 진정한 강단은 '확신'에서 옵니다. 나의 생각이 결코 틀리지 않으리라는 확신. 확신이 없다면 늘 우유부단하게 망설이며 살 수밖에 없습니다. 반대로 확신이 있다면 삶의 중요한 기로에서도 흔들리지 않고 과감하게 삶의 방향을 바꿀 수 있을 겁니다.

'확신'은 어디서 오는 것일까요? 성격이나 기질 등과는 아무 상관이 없습니다. 확신은 '실천'에서 옵니다. 누구나 자신의 생각이 있지요. 하지만 아무나 그 생각에 따라 강단 있는 결단을 내리며 살진 못합니다. 성격이나 기질적으로 자기 생각을 강하게 고집하는 이들이 있습니다. 하지만 그들의 생각이 모두 확신인 것은 아닙니다. 자신의 생각을 강하게 고집할지라도 그 삶 속에 아무런 실천도 없다면, 막상 실존적인 문제(자퇴, 이별, 퇴사, 이혼 등) 앞에서는 우유부단하게 주저하고 망설이기만 할 겁니다.

중요한 것은 실천입니다. 모든 사람이 자기 생각대로 살지 못하는 이유는 실천이 없기 때문입니다. 마르크스의 말처럼, 어떤 인간이든 '인간은 실천을 통해서 자신의 사유(생각)가 진리인지, 실재성과 힘을 갖는지' 알게 됩니다. 이는 우리네 일상에서 충분히 입증할 수 있는 삶의 진실입니다.

모두가 우유부단하게 직장을 다닐 때, 강단 있게 사표를 낸 사람이 있습니다. 어떻게 그럴 수 있었을까요? 자신이 진정으로 무엇을 좋아하고, 어떤 일을 잘할 수 있는지 몇 해 동안 이런저런 실험(실천!)을 했기 때문입니다. 그런 실천을 통해서 지금 자신의 생각이 정말 후회하지 않을 생각(진리!)인지, 또 그 생각이 정말 실재성과 힘을 갖고 있는지 검증했던 겁니다. 그는 실천을 통해 확신을 얻었기에 아무 망설임 없이 삶의 방향을 바꾸는 결단을 할 수 있었습니다.

우유부단한 이들에겐 공통점이 있습니다. '주어진 삶'과 '원하는 삶' 사이의 간극을 좁히기 위한 실천을 하지 않는다는 것입니다. 그들은 주어진 삶에 안주하며 자신이 원하는 삶을 상상할 뿐입니다. 바로 이것이 그네들이 늘 망설이기만 하며 우유부단하게 사는 이유입니다.

"이건 내가 살고 싶은 인생이 아니었어." 나이 들어 그렇게 한탄하며 살고 싶지 않다면 우유부단과 결별해야 합니다. 그리고 그 일은 오직 자신의 삶을 실험하는 크고 작은 실천을 통해서만 가능할 겁니다. 우유부단함을 끊어낸 삶의 확신은 오직 그 실천을 통해서만 쌓이게 되니까요.

DAILY
PHILOSOPHY

이제껏 철학은 여러 가지로 세계를 해석하기만 했다. 하지만 정작 중요한 것은 세계를 변화시키는 것이다.

– 마르크스

'공부'하지 말 것! 우유부단함과 결별하고 싶다면 더이상 공부하지 마세요. 지금 왜 이 책을 읽고 있나요? 자신의 삶을 '변화'시키기 위해서인가요, 아니면 타인과 세계를 '해석'하고 싶어서인가요? 자신의 변화가 아닌 타인과 세계를 해석하는 것이 목적이라면 당장 이 책을 덮으세요.

철학은 명실공히 동서고금에서 가장 오래되고 깊이 있는 학문(공부)입니다. 그토록 오랫동안 철학은 어떤 기능을 해왔을까요? 마르크스는 '이제껏 철학은 여러 가지로 세계를 해석하기만 했다'고 합니다. 마르크스는 철학이라는 공부를 날카롭게 비판하고 있습니다. 철학이 실제로 삶을 바꾸기보다 삶을 관망하며 이리저리 분석하고 설명하는 데만 사용되었다고 비판하는 것입니다.

철학이라는 공부만 그럴까요? 우리가 했던 공부, 하고 있는 공부, 앞으로 할 공부 또한 그렇지 않나요? 자신의 삶을 실제로 변화시키기 위해서라기보다 타인과 세계를 해석하기 위해서인 경우가 대부분일 겁니다.

공부는 '해석의 도구'이기를 멈춰야 합니다. 우유부단한 이들이라면 더욱 그래야 합니다. 진정한 공부, 즉 우리가 지향해야 할 공부는 '변화의 도구'여야 합니다. 하나를 공부해서 하나를 알게 되면 자신의 삶에서 하나의 '실천'을 이뤄내야 합니다. 그렇게 공부는 자신과 세계를 바꿔나갈 수 있는 변화의 도구여야 합니다.

'변화의 도구'로서 '공부'하려는 태도에 관한 '공부'. 이것이야말로 세상의 수많은 공부 가운데 가장 먼저 해야 할 공부입니다. 이것저것 게걸스럽게 지식을 채우려는 우유부단한 이들은 마르크스의 사자후를 가슴 깊이 새겨야 할 겁니다. "정작 중요한 것은 세계를 변화시키는 것이다!"

습관은 바꿀 수 있을까?

익숙해서 편안한 것보다

낯설어서 불편한 것이 좋다

행위자가 가지는 미래에 대한 행위 성향은 특정한 물질적 존재 조건에서 만들어지며, 특정한 객관적 기회의 구조(하나의 객관적 미래)라는 형태로 파악된다. 이 미래에 대한 성향은 '구조화된 구조(structured structure)'인데, 이는 동시에 '구조화하는 구조(structuring structure)'처럼 작동한다.

— 피에르 부르디외

'습관', 우리네 삶을 실제로 밀고 가는 힘이지요. 흔히들 깊은 생각과 고민이 우리 삶을 밀고 나간다고 믿지만, 이는 전혀 사실이 아닙니다. 생각과 고민이 실제 우리 삶에 미치는 영향은 미미하기만 합니다. '공부하고 운동하며 살아야 한다.' 이렇게 생각하고 고민하며 사는 이들은 흔하지만, 그런 삶을 체화해서 실천하는 경우는 극히 드뭅니다. 우리네 삶을 실제로 구성하는 힘은 습관에 있기 때문입니다.

습관은 중요합니다. 좋은 삶을 사는 이들은 좋은 습관을, 나쁜 삶을 사는 이들은 나쁜 습관을 갖고 있는 경우가 대부분이니까요. 이처럼 중요한 습관을 우리가 만들거나 바꿀 수 있을까요? 생각할 필요도 없는 질문입니다. 의지의 문제가 남기는 하겠지만, 새로운 습관을 만들거나 기존의 습관을 바꿀 수 있다는 데 누구도 이견이 없을 겁니다. 공부(운동)하는 습관이 없었다 하더라도, 의지를 갖고 꾸준히 공부(운동)하다 보면 어느새 새로운 습관으로 자리 잡곤 하니까요.

그런데 습관은 정말 만들거나 바꿀 수 있는 것일까요? 조금 깊이 생각해 보면, 이는 쉽게 답할 수 없는 질문임을 알게 됩니다. 습관에는 두 가지가 있습니다. 의식적 습관과 무의식적 습관입니다. 의식적 습관은 무엇일까요? 말 그대로 자신이 의식하는 습관입니다. 예컨대 게임, 군것질, 독서, 운동 같은 습관은 우리가 분명하게 의식하는 습관입니다. 이런 의식적 습관은 상대적으로 쉽게 바꿀 수 있습니다.

무의식적 습관이란 우리가 의식적으로 인지하지 못하는 수많은 습관을 뜻합니다. 구체적으로 어떤 게 있을까요? 태도나 취향, 성향 같은 것들이지요. 예를 들어볼까요? 고수를 고약한 맛으로 느끼지만 김치는 맛있다고 느끼는 것. 슈베르트의 곡은 지루하게 들리지만 아이돌 가수의 노래에는 감동하는 것. 책이나 공연에 돈 쓰는 것에는 강한 거부감이 들지만 옷이나 음식을 사는 데는 아무 거리낌이 없는 것. 이처럼 삶을 대하는 특정한 태도나 취향, 성향 역시 모두 습관입니다. 습관이란 반복적인 행위를 통해 내면화된 생활방식으로 정의할 수 있을 겁니다. 그러니 특정한 태도, 취향, 성향 역시 모두 습관인 셈입니다.

우리는 왜 김치를 맛있게 느끼고, 아이돌 음악에 감동하며, 옷이나 음식에 돈을 아끼지 않게 되었을까요? 그것은 오랫동안 게임, 군것질, 독서, 운동에 길들어 습관이 된 것처럼, 반복적인 행위를 통해 내면화되어 습관이 된 일입니다. 우리가 그것을 습관이라 인지하지 못하는 까닭은 그 습관(태도, 취향, 성향)들이 모두 무의식적이기 때문입니다.

부르디외는 습관을 '행위자가 가지는 미래에 대한 행위 성향'이라고 정의합니다. 어떤 사람이 앞으로 하게 될 행위를 결정하는 성향이 바로 습관이라는 겁니다. 부르디외는 의식적 습관과 무의식적 습관을 모두 아울러 '아비투스'라고 말합니다. '아비투스(Habitus: habit(습관)의 어원이다)'란 무엇일까요? 주어진 상황에서 적절한 판단과 행동을 유도하는 감성 구조(느낌, 감각)입니다. 이는 사회적 조건과 환경(가정, 학교, 교육 등)에 의해서 몸과 마음에 각인되는 습관이라고 말할 수 있습니다.

흔히 말해, 부유하고 많이 배운 이들은 그들만의 아비투스가 있고, 가난하고 많이 배우지 못한 이들은 그들만의 아비투스가 있습니다. 일반적으로 전자는 정갈한 음식과 와인, 클래식 음악과 문학에서 즐거움을 느끼고, 후자는 푸짐한 음식과 소주, 대중음악과 연속극에서 즐거움을 느낍니다. 즉, 정갈한 음식과 와인, 클래식 음악과 문학에서 즐거움(혹은 불쾌감)을 느끼는 감성 구조 혹은 푸짐한 음식과 소주, 대중가요와 연속극에서 즐거움(혹은 불쾌감)을 느끼는 감성 구조가 바로 아비투스입니다.

아비투스는 정말 바꾸기 어려운 습관입니다. 그래서 부르디외는 아비투스를 '구조화된 구조(structured structure)'라고 말합니다. 특정한(가난한, 부유한) 환경이라는 구조에서 자란 아이의 내면은 특정한 습관으로 구조화(고착화)되지요. 이처럼 아비투스는 구조화된 구조이기에 너무나 견고합니다. 우리네 삶에서도 쉽게 확인되지 않나요? 경제적으로 궁핍한 사람이 양은 적고 비싼 음식을 즐겁게 먹을 수 있을까요? 아무런 소양도 없는 사람이 가사도 없는 클래식 음악을 즐겁게 들을 수 있을까요? 교양 있는 사람으로 보이기 위해 즐거운 척은 할 수 있을지 몰라도 진정한 즐거움을 느끼기는 어려울 겁니다.

우리가 문제 삼아야 하는 습관은 의식적 습관이 아닙니다. 바로 아비투스입니다. 우리의 모든 의식적 습관은 모두 아비투스라는 근본적 습관에 의해서 자리 잡기 때문입니다. 왜 공부하고 운동하는 습관이 없을까요? 그것이 습관화될 조건과 환경에서 자라지 않았기 때문입니다. 왜 게임하고 영상을 보는 습관이 생겼을까요? 그것이 습관화될 조건과 환경에서 길러졌기 때문입니다. 우리가 갖고 있는 의식적 습관은 모두 아비투스의 작용 아래 형성된 것입니다. 그러니 진정한 의미에서 습관을 바꾼다는 것은 아비투스를 바꾼다는 말과 다르지 않을 겁니다.

그렇다면 아비투스는 바꿀 수 있을까요? 그렇습니다. 부르디외는 아비투스가 분명 구조화된 구조이지만 '이는 동시에 구조화하는 구조(structuring structure)처럼 작동한다'고 말합니다. 아비투스는 구조화되어서 견고하지만 완전히 고정(고착화)되어 있지는 않습니다. 즉, 아비투스는 새로운 습관을 '구조화하는 구조(유동화)'의 기능도 합니다.

이는 누구나 한 번쯤 경험해 봤을 겁니다. 고수가 든 쌀국수를 먹지 못했던 사람도 몇 번 먹다 보면 그 맛이 가끔 생각나기도 합니다. 역한 냄새가 나는 염소 치즈도 몇 번 먹어 보면 그 매력을 알게 되는 일이 있습니다. 이는 모두 '구조화하는 구조'로서의 '아비투스'의 작동입니다.

습관을 바꾸는 일은 구조화된 구조에서 구조화하는 구조로 나아가는 일입니다. 조금의 불편함과 불쾌감만 견딘다면 아비투스는 구조화된 구조에서 구조화하는 구조로 전환될 수 있습니다. 복잡하거나 현학적인 말이 전혀 아닙니다. 사랑하는 이에게조차 돈 쓰기를 아까워하는 아비투스를 가진 이는 흔합니다. 이런 아비투스는 '잘못된 것'이라기보다 '어쩔 수 없는 것'에 가깝다고 봅니다. 그는 그런 아비투스가 생길 수밖에 없는 조건과 환경에서 자랐을 테니까요.

하지만 그런 아비투스도 얼마든지 바꿀 수 있습니다. 조금 고통스럽더라도 돈을 아끼지 말고 사랑하는 이에게 크고 작은 선물들을 해보세요. 고약했던 고수가, 역겨웠던 염소치즈가 음식의 풍미를 더해주는 맛있는 재료로 탈바꿈하듯, 돈을 아끼지 않고 사랑하려는 마음이 삶의 풍미를 더해주는 아름다운 재료가 될 테니까요. 조금의 불편과 불쾌를 감당할 수 있을 때, 아비투스는 구조화된 구조를 넘어 새로운 아비투스를 생성할 수 있는 구조화하는 구조가 될 겁니다. 그렇게 아비투스를 넘을 때 이제껏 경험해 보지 못한 새로운 삶의 지평이 열립니다. 아비투스(습관)를 바꿀 때 우리는 새로운 '존재'가 됩니다.

DAILY
PHILOSOPHY

마주침의 대상은 감각 속에서 실질적인 감성을 분만한다. 이것은 감각될 수 있는 어떤 것이 아니라 감각되어야 할 어떤 것이다.

– 질 들뢰즈

'퓨전(fusion)'을 즐기세요. 아비투스를 넘어 삶을 바꾸는 일은 결코 쉽지 않습니다. 내면화된 아비투스는 우리의 기쁨과 슬픔의 감성 구조로 공고히 자리 잡고 있기 때문입니다. 우리는 자기 삶의 맥락(가정, 학교, 교육 등)에서 익숙한 것(김치, 라면 등)에 유쾌함을 느끼고 낯선 것(고수, 치즈 등)에 불쾌함을 느낍니다. 이것이 아비투스를 넘기 어려운 이유이지요. 항상 유쾌한 것을 취하고 싶고 불쾌한 것은 피하고 싶은 게 인간의 본성이니까요.

이 문제는 퓨전으로 극복할 수 있습니다. 퓨전은 마주침입니다. 서로 다른 두 종류 이상의 것을 섞어 새롭게 마주치게 하는 것이지요. 고수와 치즈를 직접 경험하는 일, 즉 구조화하는 구조(새로운 습관)로 낯선 대상을 경험하는 일은 불편하고 불쾌하기 쉽습니다. 이때 고수를 넣은 라면, 치즈를 넣은 김치볶음밥처럼 퓨전 음식을 경험해 보면 어떨까요? 그처럼 잘 만든 퓨전 요리를 경험한다면, 우리는 고수와 치즈를 통해 유쾌하게 새로운 아비투스를 구성할 수 있을 겁니다.

퓨전은 기존의 아비투스(구조화된 구조) 너머 새로운 아비투스(구조화하는 구조)를 생성하는 좋은 대안입니다. 클래식 음악과 대중가요를 조화롭게 섞은 퓨전음악, 철학과 일상을 잘 접목한 퓨전 학문, 운동과 놀이를 잘 버무린 퓨전 운동. 퓨전은 작게나마 익숙한 것의 유쾌함으로 낯선 것의 불쾌함을 줄여 주고, 크게는 익숙한 것과 낯선 것의 절묘한 조화로 더 큰 기쁨을 선사할 겁니다. 견고한 아비투스를 넘어서 새로운 삶의 지평을 열고 싶나요? 퓨전, 즉 새로운 마주침이 새로운 아비투스의 길을 내어 줄 겁니다.

후회 없이 살 수는 없을까?

지금 당신의 삶을 다시 한번,

그리고 무수히 반복해서 살아도 괜찮겠습니까

"너는 이 삶을 다시 한번, 그리고 무수히 반복해서 살기를 원하는가?" 이 질문은 모든 경우에 최대의 무게로 그대의 행위 위에 얹힐 것이다! 이 최종적이고 영원한 확인과 봉인 말고는 더이상 아무것도 요구하지 않기 위해서, 어떻게 그대 자신과 그대의 삶을 만들어 나가야만 하는가?

– 니체

"학교 다닐 때 열심히 공부할걸", "대학생일 때 배낭여행을 해볼걸", "그때 그녀에게 고백해 볼걸." 이처럼 우리는 수많은 것들을 후회하며 삽니다. 후회, 우리네 삶에 들러붙어 떨어지지 않는 마음 중 하나입니다. 삶의 어느 순간부터 시작된 후회는 그 삶의 끝자락까지 떨어지지 않습니다. "이건 내가 살고 싶은 삶이 아니었는데…." 죽음의 문턱 앞에 선 이들이 가장 많이 하는 말이 이 말이니까요. 후회만큼 우리네 삶에 유해한 감정도 없습니다.

후회는 삶의 곰팡이입니다. 크고 작은 후회를 할 때 우리네 삶은 눅눅해지고 음습해지지요. 후회하는 마음을 오랫동안 끊어내지 못할 때, 삶의 이곳저곳에 곰팡이가 슬게 됩니다. 크고 깊고 잦은 후회에 잠식당한 이들은 더이상 자신의 삶을 잘 돌보려 하지 않습니다. 이는 심하게 곰팡이가 퍼져버려 더이상 손쓸 수 없게 된 방의 문을 그저 닫아버리는 마음과 비슷할 겁니다.

후회라는 곰팡이는 쉬이 없앨 수가 없습니다. 후회의 가장 큰 문제이지요. 누구도 후회하고 싶어서 후회하는 것은 아닐 겁니다. 후회가 삶을 좀먹는다는 사실을 모르는 이는 없을 테니까요. 엄습해 오는 후회를 어찌할 수 없어서 후회하게 되는 것일 뿐입니다. 후회라는 난제를 어떻게 넘어설 수 있을까요? 유해한 동시에 끈질긴 이 곰팡이를 어떻게 제거할 수 있을까요? 니체라면 영원회귀를 통해 가능하다고 말할 겁니다.

'영원회귀'란 무엇일까요? '삶을 다시 한번, 그리고 무수히 반복해서 살기'입니다. 지금 우리의 삶이 영원히 반복된다는 의미입니다. 난해한 이야기이니 좀 더 풀어서 말해볼까요? 세 차원의 '나'의 삶이 있다고 가정해 봅시다. 100년 전 '나'의 삶(이미 지난 삶), 현재의 '나'의 삶(지금의 삶), 100년 뒤 '나'의 삶(앞으로의 삶). 과거의 '나'의 삶이 끝나면, 현재 '나'의 삶으로 이어지고, 그 삶이 끝나면 다시 미래의 '나'의 삶으로 이어지게 됩니다. 이처럼 영원회귀는 세 차원(과거-현재-미래)의 '나'의 삶이 원환 구조로 영원히 똑같이 반복되는 것입니다.

더욱 현실적인 예를 들어볼까요? 나는 오늘 아침에 일어나 허겁지겁 출근해 직장에서 정신없이 일을 했습니다. 그리고 퇴근 후에 의미 없는 동영상을 보며 맥주 한잔을 마시고 잠이 듭니다. 니체의 영원회귀에 따르면, 나는 단순히 현재의 오늘 하루만 '출근-퇴근-맥주-잠'을 반복한 것이 아닙니다. 이미 100년 전 삶에서 오늘이었던 날 역시 정확히 그렇게 반복했을 것이고, 앞으로 살게 될 100년 뒤 삶에서 오늘이 될 날 역시 정확히 그렇게 반복할 것입니다. 이것이 바로 니체의 영원회귀입니다. 말하자면 니체의 영원회귀는 (한 치의 오차도 없는) 일종의 윤회(輪廻)인 셈입니다.

이제 의아해집니다. 누구보다 합리적이고 이성적이어야 할 철학자가 왜 이처럼 황당하고도 미신에 가까운 이야기를 했을까요? 니체는 영원회귀라는 종교적 논의로 당시 기독교적인 담론을 넘어서려 했던 것입니다. 그러니 우선 의아함은 잠시 뒤로 하고, 영원회귀가 진짜로 우리 삶에서 펼쳐진다고 생각해 봅시다. 우리는 곧 영원회귀의 태도가 어떻게 후회하는 마음을 없앨 수 있는지 보게 됩니다.

생각해 보면 영원회귀는 정말 무시무시한 이야기입니다. 지금 내 삶이 영원히 반복된다니, 죽음으로도 지금의 삶이 끝나지 않고 계속 반복된다니 얼마나 무서운 일인가요. 니체의 말처럼 그것은 '최대의 무게'로 우리의 모든 '행위 위에 얹힐' 수밖에 없습니다. 다시 한번 오늘 하루를 돌아볼까요? 우울한 마음을 억누르며 출근을 하고, 직장에서 인격적 모멸을 견디며 돈을 벌고, 무표정한 표정으로 퇴근을 하고, 삶의 무의미를 달래려 맥주 한잔을 들이켜다 잠든 하루.

그 하루는 오늘로 끝나게 될까요? 니체의 논의(영원회귀)에 따르면 결코 끝나지 않고 영원히 반복되는 하루가 될 겁니다. 이보다 무서운 이야기가 어디 있을까요? 영원회귀가 정말이라면 비루하고 무의미했던 불행한 하루는 그저 지나가는 하루가 아니라 영원히 끝나지 않을 하루가 되어버릴 테니까요. 이제 왜 영원회귀가 최대의 무게로 우리네 삶을 짓누르는지 알 수 있습니다.

영원회귀, 즉 지금 내가 어떤 행동을 하든 그것이 영원히 반복된다 생각해 보세요. 작은 것마저도 신중하고 또 신중하게 행동할 수밖에 없을 겁니다. 현재의 작은 행동 하나도 과거-현재-미래로 영원히 반복될 테니까요. 니체는 이 영원회귀라는 개념을 통해 우리를 절망에 빠뜨리려는 것일까요? 즉 '한 번 불행한 삶은 영원히 반복된다'라는 절망을 안기려는 걸까요?

전혀 그렇지 않습니다. 니체의 영원회귀는 '절망'보다 '희망'에 가깝습니다. 정확히는 희망을 선택하라는 '겁박'이라고 말할 수 있습니다. 달리 말해, 늘 용기 없는 우리에게 지금 당장 행복을 선택하라고, 그러지 않으면 영원히 불행하리라고 '최대의 무게'로 겁을 주고 있는 것입니다. 니체의 영원회귀를 받아들인다면, 즉 그 최대의 무게를 짊어진다면 우리네 삶은 어떻게 변하게 될까요?

아침에 일어나 '출근-퇴근-맥주-잠'을 반복하게 될까요? 그럴 수도 있고, 아닐 수도 있습니다. 만약 출근-퇴근-맥주-잠의 반복이 영원히 반복되어도 좋을 만큼 만족스럽다면 그렇게 하루를 보내겠지요. 하지만 그 하루가 영원히 반복되는 것이 끔찍하리만치 싫다면 어떻게 될까요? 내일 당장 사표를 쓰고 진정으로 하고 싶은 일을 찾아서 떠날 겁니다. 그제야 비로소 영원한 반복이라는 끔찍한 불행을 끊어낼 수 있을 테니까요.

바로 여기에 영원회귀의 백미가 있습니다. 지금 하는 선택이 영원히 반복된다면 우리는 삶의 순간순간에서 어떤 선택을 하게 될까요? 가장 유쾌하고 기쁜 선택을 하게 될 겁니다. 이는 희망적이지만 동시에 무시무시한 겁박이기도 합니다. 지금 내가 유쾌하고 명랑한 선택을 한다면 유쾌하고 명랑한 선택이 영원히 반복되겠지만, 반대로 내가 우울하고 침잠된 선택을 한다면 우울하고 침잠된 선택 역시 영원히 반복될 테니까요.

니체의 말처럼 영원회귀는 '최종적이고 영원한 확인과 봉인'입니다. 지금 우리의 선택은 우리 삶의 최종적이며 영원한 확인이고, 이는 영원히 봉인되어 버립니다. 오랜 시간 마음에 품어왔던 이에게 지금 사랑을 고백하면 그것은 최종적이며 영원한 확인과 봉인으로 우리 삶이 되겠지요. 반대로 직장에서 모욕적인 처우에도 불구하고 오늘 하루 비루한 삶을 선택하면 그 역시 최종적이고 영원한 확인과 봉인으로 우리 삶이 됩니다.

니체는 우리에게 묻습니다. "어떻게 그대 자신과 그대의 삶을 만들어 나가야만 하는가?" 답은 어렵지 않습니다. 그것이 무엇이든 영원히 반복되어도 좋을 선택을 해야만 합니다. 우리가 후회하며 사는 이유가 무엇인가요? "오늘 이 지긋지긋한 하루도 곧 끝날 거야"라는 삶의 포기, "내일은(다음 달은, 내년은) 뭔가 조금 달라지지 않을까?"라는 막연한 기대 때문 아니던가요? 그 삶의 포기와 막연한 기대 때문에 지금 당장 유쾌해지며 결국에는 행복해질 선택들을 유예하며 사는 건 아닌가요?

후회하는 삶을 끝내고 싶다면 영원회귀를 받아들여야 합니다. 니체의 영원회귀가 사실이냐 아니냐는 묻지 맙시다. '삶이 진짜로 영원히 반복되는가, 그렇지 않은가?'는 전혀 중요한 질문이 아닐 겁니다. 누구보다 영민했던 니체가 영원회귀 같은 종교적 수사(rhetoric)를 실제로 믿었을 리 없습니다. 니체는 바로 지금 우리 삶을 바꾸면 최선의 행복이, 반대로 바꾸지 않으면 최악의 불행이 펼쳐질 것이라는 겁박의 전략을 취하고 있을 뿐입니다. 니체가 말하는 영원회귀는 종교적이라기보다 전략적 수사인 셈입니다.

영원회귀를 진정으로 받아들이는 것은 '삶이 영원히 반복된다'는 사실 자체를 받아들이는 게 아닙니다. '지금 내 삶의 크고 작은 선택이 영원히 반복되어도 좋은가?'라는 질문을 받아들이는 것이며, 그 질문을 통해 매 순간 피할 수 없는 무거운 '삶의 무게'를 받아들이는 것입니다. 진정으로 영원회귀를 받아들일 때, 후회 없는 삶으로 나아갈 수 있으며 그 삶의 끝자락에서 우리는 옅은 미소로 이렇게 말할 수 있을 겁니다. "한바탕 신나게 잘 놀다 간다!"

DAILY PHILOSOPHY

니체가 '영원회귀'를 통해 말하고자 한 것은 다른 것이 아니다. … '영원회귀'는 '같은 것'을 되돌아오게 하지 않는다. 오히려 생성하는 것에 대한 회귀가 그 유일한 같음을 구성한다.

– 질 들뢰즈

후회 없는 삶을 살고 싶은가요? '차이'를 만들며 살아가세요. 영원회귀를 따라 사는 삶이란 구체적으로 어떤 것일까요? 차이를 만드는 삶일 겁니다. 어제의 '나'와 차이 나는 '나'를 선택하는 것. 그것이 후회 없는 삶을 위한 구체적인 실천 방식일 겁니다. 누구보다 니체를 잘 이해했던 들뢰즈는 니체의 영원회귀에 대해 이렇게 말합니다. "영원회귀는 같은 것을 되돌아오게 하지 않는다."

무슨 뜻일까요? 우리가 진정으로 영원회귀에 입각해 살아간다면 결코 어제와 같은 '나'로 머물 수 없다는 의미입니다.

정말 그렇지 않나요? 매일같이 반복되는 공무원 생활을 지긋지긋해하며 후회하는 이가 있다고 해봅시다. 그가 영원회귀에 입각해 살려고 한다면 공무원으로 계속 머물 수 있을까요? 결코 그럴 수 없을 겁니다. 지긋지긋한 공무원의 삶이 영원히 반복되지 않기를 바라며 사표를 내고 세계 일주를 떠날 수밖에 없을 겁니다. 그렇게 그는 화가나 가수 혹은 소설가라는 존재로 생성되어 '차이'를 발생시킬 수밖에 없을 테고요.

영원회귀는 분명 반복(동일성)입니다. 하지만 그 반복은 동일성(공무원)의 반복이 아니라 차이(화가, 가수, 소설가 등)의 반복입니다. 영원회귀의 반복은 기존의 나(공무원)와 차이 나는 존재(화가, 가수, 소설가 등) '-되기'의 반복입니다. 영원회귀에 따라 산다는 것은 기존의 나와는 크고 작은 차이를 만드는 선택을 해나간다는 말에 다름 아닐 겁니다.

오직 그렇게 산 이만이 죽음 앞에서 미소 지으며 말할 수 있습니다. "후회 없는 삶이었다." 그리고 '후회 없는 삶'은 반드시 누군가의 삶 속에 작은 등불이 되어 다시 영원히 회귀할 겁니다. '영원회귀'는 '차이'를 만들고, 그 '차이'는 다시 영원히 '반복'될 겁니다.

희망은 어떻게 현실이 될까?

그래도,

타인이 희망입니다

미래는 손에 거머쥘 수 없으며, 우리를 엄습해 우리를 사로잡는 것이다. 미래, 그것은 타자다. 미래와의 관계, 그것은 타자와의 진정한 관계다.

– 에마뉘엘 레비나스

희망은 무엇일까요? 어떤 일을 하기를 바라거나 어떤 일이 이루어지기를 바라는 마음입니다. 누구에게나 이런 희망이 있습니다. 어떤 이는 돈 걱정 없이 살 수 있는 부유한 삶을 희망합니다. 어떤 이는 지겨운 직장을 벗어나 자신이 원하는 일을 하며 사는 자유로운 삶을 희망합니다. 어떤 이는 죽기 전에 진정한 사랑 한번 해보기를 희망하지요. 이런 희망은 좋은 것일까요?

희망은 희망일 뿐입니다. 희망은 '지금'이 아니라 '미래'의 일이기에 그저 희망할 뿐이니까요. 그런데 왜 사람들은 "희망을 가져!", "희망을 놓지 마!", "희망 없는 삶은 의미가 없어" 운운하며 희망에 목을 매는 걸까요? 희망의 현실화 가능성 때문입니다. 쉽게 말해, 미래의 희망(부유함, 천직, 사랑 등)이 언젠가 내 눈앞에 펼쳐질 가능성이 있기 때문입니다. 희망은 그 자체로는 공상이나 망상에 지나지 않습니다. 희망은 그것이 실현될 때만 진정한 기쁨이 됩니다.

그렇다면 희망은 어떻게 현실이 될까요? 부유한 삶을 희망하는 가난한 이는 어떻게 부자가 될 수 있을까요? 세상 사람들은 그 답을 갖고 있습니다. 바로 의지와 노력입니다. 어떤 경우에도 흔들리지 않는 굳건한 의지와 멈추지 않는 노력으로 희망은 현실이 될 수 있다고 믿지요. 그런 것도 같습니다. 지독히도 가난한 이가 불굴의 의지와 노력으로 부자가 된 흔한 스토리는 누구나 한 번쯤 들어봤을 테니까요.

하지만 여기에는 대표적인 삶의 오해가 있습니다. 의지와 노력으로 희망은 실현되지 않습니다. 여기, 악착같이 일해서 백만장자가 된 사람이 있습니다. 그의 희망은 죽기 전에 진정한 사랑 한번 해보는 것입니다. 그의 희망은 의지와 노력으로 실현될 수 있을까요? 돈을 벌기 위해 쏟아부었던 그

의지와 노력으로, 과연 그는 사랑에 이를 수 있을까요?

쉽게 말해, 불굴의 의지와 각고의 노력으로 천 번, 만 번 소개팅을 하고 세계 곳곳으로 사랑을 찾아 여행을 떠나면 진정한 사랑을 하게 될까요? 우리는 이미 알고 있지 않나요? 그가 '섹스'를 살 수 있을진 몰라도 진정한 '사랑'을 얻을 순 없으리라는 사실을 말입니다. 이처럼 의지와 노력은 희망이 실현되는 조건이 아닙니다.

희망은 미래의 일입니다. 레비나스는 '미래는 손에 거머쥘 수 없는 것'이라고 합니다. 또한 우리의 의지와 노력과는 상관없이 '우리를 엄습하여 우리를 사로잡는 것'입니다. 우리네 삶을 살펴봅시다. 의지와 노력만 있다면 우리 모두 부자가 될 수 있나요? 순진한 소리입니다. 남다른 의지와 노력에도 불구하고 여전히 가난하거나 자기가 원하는 부유함을 얻지 못하는 이들이 얼마나 많은가요? 반대로, 별다른 의지와 노력 없이 부자가 된 이들 역시 분명히 존재합니다.

그렇다면 '희망의 현실화'를 위한 진짜 조건은 무엇일까요? 레비나스는 '타자'에 달려 있다고 말합니다. 레비나스는 희망적인 삶에 대해 이렇게 진단합니다. "미래와의 관계, 그것은 타자와의 진정한 관계다." 의지와 노력은 분명 희망을 실현하는 데 필수적 조건입니다. 하지만 그 필수적인 조건(의지, 노력)은 결국 타자라는 근본적인 조건에 따른 파생(종속) 조건일 뿐입니다.

어떤 타자를 만나느냐에 따라서 의지와 노력이 생길 수도 있고 그렇지 않을 수도 있습니다. 의지와 노력의 유무뿐만 아니라 그 크기 역시 타자에 의해 결정됩니다. 의지와 노력이 생긴다 하더라도, 그 크기 또한 어떤 타자를 만나느냐에 따라 달라지게 마련이니까요. 이는 우리네 삶에서 얼마든지 증명할 수 있습니다.

수학 공부를 싫어하던 학생이 있습니다. 이 학생이 수학 선생님을 진심으로 좋아하게 되면 어떤 일이 생길까요? 수학 공부에 강력한 의지와 노력이 촉발되곤 합니다. 또 한없이 게을렀던 이가 사랑하는 사람(연인, 자식)을 만나 의욕 넘치는 부지런한 이가 되기도 하지요. 이처럼 의지와 노력 자체는 타자라는 조건에 따라 커지거나 작아지는 부가 조건일 뿐입니다. 달리 말해, 희망이 그저 망상에 그칠지 현실이 될지는 우리가 어떤 사람을 만나느냐에 달린 셈입니다.

결국 희망은 타자를 통해 현실화됩니다. 가난한 이가 부자가 되는 것도, 직장인이 천직을 찾는 것도, 백만장자가 진정한 사랑에 이르는 것도 모두 자신의 희망을 실현해 줄 타자를 통해서만 가능합니다. 물론 그 타자가 누구나 되는 것은 아닙니다. 하루 동안 우리가 만나는 타자가 얼마나 많은가요? 그들은 우리의 희망이 실현되는 데 별다른 영향을 미치지 못합니다.

우리의 희망을 실현해 줄 타자란 우리가 결코 회피할 수 없는 강력한 타자입니다. 그 타자와 진정한 관계를 맺게 될 때 희망은 현실이 됩니다. 부자라는 희망은 언제 실현될까요? 부유한 삶이 얼마나 매혹적인지 혹은 가난한 삶이 얼마나 처

참한지 강력하게 확인시켜 주는 타자를 만났을 때입니다.

천직이라는 희망은 언제 현실화될까요? 원하는 일을 하며 사는 것이 얼마나 기쁜지 혹은 원치 않는 일을 하며 사는 것이 얼마나 슬픈지 적나라하게 확인시켜 주는 타자를 만났을 때입니다. 사랑이라는 희망은 언제 실현될까요? 진정한 사랑을 주고받는 일이 얼마나 소중한지 혹은 그런 사랑이 없는 삶이 얼마나 무의미한지를 절절하게 깨닫게 해주는 타자를 만났을 때입니다.

희망하는 삶이 현실이 되기를 바란다면, 결코 혼자 있어서는 안 됩니다. 타자와 관계가 없다면 미래와의 관계 역시 존재하지 않기 때문입니다. 타자를 만나러 가야 합니다. 내 의지와 노력의 크기에 영향을 주게 될 타자, 나아가 의지와 노력의 방향 자체를 바꾸게 할 타자를 만나러 가야 합니다. 우리가 언젠가 살게 되기를 바라는 삶을 그 타자가 바로 지금 여기에 펼쳐줄 겁니다. 타자, 그것이 바로 우리의 미래입니다.

DAILY
PHILOSOPHY

몇몇 혁명가들이 어떻게 생각하건 욕망은 본질 자체가 혁명적이다. … 욕망은 그 자체로, 저도 모르게, 자신이 바라는 것을 바람으로써 혁명적이다.

– 질 들뢰즈 · 펠릭스 과타리

삶이 변하기를 바라나요? 타자를 만나세요. 그 타자는 자신이 욕망하는 타자인 동시에 자신의 욕망을 촉발하는 타자입니다. 우리가 어떤 삶을 희망하건 간에 그것은 바로 타자에게 달렸습니다. 타자를 욕망하는 만큼, 타자가 촉발하는 욕망의 크기만큼 우리네 삶 역시 변하게 될 겁니다.

변화 가운데 극적이고 결정적인 변화를 '혁명'이라고 합니다. 우리네 삶에서 그런 혁명은 어떻게 가능할까요? 답은 바로 욕망에 있습니다. 우리는 자신의 욕망에 매혹됩니다. 그 매혹이 바로 우리네 삶을 극적으로 변화시키는 원동력입니다. 욕망은 본질 자체가 혁명적입니다.

원치 않는 일로는 삶이 좀처럼 변하지 않습니다. 왜 그럴까요? 원치 않는 일을 함으로써 자신이 변하게 될 모습만 자꾸 바라게 되기 때문입니다. 다이어트에 왜 실패할까요? 원치 않는 운동과 식단을 억지스럽게 유지해야 하기 때문입니다. 다이어트는 어떨 때 지속 가능할까요? 매혹적인(욕망하는) 운동과 식단을 찾았을 때입니다. 매혹적인 운동을 찾고, 건강에 해롭진 않되 맛있는 음식을 찾았을 때입니다. 그때 삶은 변화하게 되겠지요. 그 '욕망(운동, 식단)은 그 자체로, 저도 모르게, 자신이 바라는 것을 바람으로써 혁명적'이 되니까요.

우리네 삶을 바꾸어 줄 타자 역시 욕망하는 타자, 욕망을 촉발하는 타자여야 합니다. 거부할 수 없는 매혹을 지닌 이를 욕망(사랑)하게 되었을 때, 우리의 삶이 혁명적으로 변하게 되는 것처럼 말입니다. 늘 무책임하게 살던 이가 사랑스러운 아이를 낳고 책임감 있는 가장이 되는 것이 그런 경우일 테지요.

또한 타자는, 우리 마음속 깊은 곳에 있어서 자신조차 알지 못했던 욕망이 무엇인지 알려 줄 겁니다. 늘 외향적이고 활동적인 이가 차분하고 정적인 이를 사랑하게 되었을 때, 자기 안에 시와 음악을 욕망하는 마음이 있었음을 깨닫게 되는 경우가 그렇습니다. 이유도 모르는 채 끌리는 욕망은 진정으로 우리가 바라는 삶이 무엇인지를 드러내는 신호니까요. 욕망하는 타자, 욕망을 촉발하는 타자만이 우리 삶의 혁명을 촉발할 겁니다.

에필로그

우리는 철학을 하는 척하면 안 되며 실제로 철학을 해야 한다. 왜냐하면 우리에게 필요한 것은 건강한 것처럼 보이는 게 아니라 진짜 건강해지는 것이기 때문이다.

– 에피쿠로스

"선생님이 가신 길을 따라가면 될까요?"

"안 된다. 나는 내 길을 찾아왔다. 너는 너의 길을 가라."

5년 전쯤, 한 아이가 천진한 얼굴로 철학을 배우고 싶다며 찾아왔습니다. 아이는 자신이 무엇을 원하는지, 또 무엇을 하며 살아야 하는지 알지 못했습니다. 저는 아이에게 열심히 철학을 가르쳤고, 그 아이도 정말 열심히 철학을 공부했습니다. 하지만 그럼에도 불구하고 아이는 여전히 자기가 원하는 것을 찾지 못했고, 무엇을 하며 살아야 하는지도 깨닫지 못했습니다.

불안하고 답답해서였을까요? 그 아이는 자신도 저의 길을 따라가면 되는지 물었습니다. 저는 '안 된다'고 답했습니다. '내가 나의 길을 찾아왔듯, 너는 너의 길을 찾아야 한다'고 야박하게 말해주었습니다. 그 아이는 더욱 어두워진 표정으로 발길을 돌렸습니다. 철학을 열심히 공부했지만 여전히 자신의 길을 찾지 못했다는 좌절감과 허무함 때문이었을 겁니다. 그렇게 다시 1년쯤 시간이 흘렀을 때였습니다. 아이에게 연락이 왔습니다.

"선생님, 저 한예종(한국예술종합학교)에 합격했어요." 1년 동안 무슨 일이 있었던 걸까요? 아이는 아무에게도 말하지 않고 직장을 그만둔 후 대출을 받아 홀로 대입을 준비했던 겁니다. 자신의 길을 찾은 것이지요. 아이의 말을 듣고 저는 한동안 아무 말도 할 수가 없었습니다. 그 시간이 어떤 의미인지 잘 알고 있었기 때문입니다. 홀로 남겨진 컴컴한 방안에서 이곳저곳 더듬으며 문을 찾는 일. 그 암담하고 불안하며 두려운 일. 자신만의 길을 찾아간다는 것은 그런 일입니다.

철학은 교양이 아니라 수행입니다. 진정한 철학이란 그런 것이지요. 철학은 그저 아는 척하거나, 삶이 조금 더 나아진 것처럼 착각하게 만드는 '교양'이 아닙니다. 철학은 자신만의 길을 찾고 그 길로 나아가는 '수행'입니다. 저는 철학을 헛되이 가르치지 않았고, 그 아이는 철학을 헛되이 배우지 않았습니다.

제가 홀로 남겨진 컴컴한 방에서 '철학'이라는 저의 길을 찾은 것처럼, 그 아이 역시 '영화'라는 자신의 길을 찾았습니다. 그에게 저와 함께 공부했던 시간이 '교양'으로서 철학의 시간이었다면, 홀로 자신의 길을 열었던 시간은 '수행'으로서 철학의 시간이었을 겁니다. 그 아이는 교양으로서의 철학에서 벗어나 수행으로서의 철학에 진입했습니다.

저는 그 아이에게 철학을 가르쳤던 마음으로 이 책을 힘껏 썼습니다. 만약 이 책을 진지하게 읽어냈다면 여러분에겐 철학적 '앎'이 생겼을 겁니다. 하지만 그 앎만으로 이 책을 덮지 않았으면 좋겠습니다. 만약 앎만으로 이 책을 덮는다면, 이 책은 그저 교양으로서의 철학에 머물게 될 겁니다. 여러분의 '삶'은 아무것도 변하지 않을 테고요. 그것은 결코 제가 원하는 일이 아닙니다.

철학은 '앎'이 아니라 '삶'입니다. 앎이 삶을 변화시키지 못한다면 철학은 아무 의미도 없습니다. 이 책을 덮으려는 지금, 진정한 철학이 시작되는 것인지도 모릅니다. 배웠던 앎으로 삶을 변화시킬 시간입니다. 그렇게 각자의 길을 찾을 시간입니다. 쉬운 일이라고 말하지는 않겠습니다. 교양을 위한 앎이 아닌 삶을 위한 수행은 홀로 남겨진 채로 컴컴한 방을 더듬어 가며 문을 찾는 일이니까요. 그 일은 때로 암담하며 외롭고 고될 테지요.

하지만 그 고된 수행으로 기꺼이 한 걸음 내딛는다면 여러분 역시 언젠가 자신만의 길을 찾게 될 겁니다. 이 글이 닿는 모든 분이 '교양(앎!)'의 철학 너머 '수행(삶!)'의 철학에 이르렀으면 좋겠습니다. 삶을 바꿀 수행의 철학! 이것이 제가 앎으로서의 철학을 전하는 이유입니다. 교양 너머 수행으로, 앎 너머 삶으로 자신만의 길을 찾게 되길 바랍니다. 진정으로 기쁜 삶은 오직 그 길 위에 있습니다. 우리 모두 자신만의 길을 걸어가며, 어딘가에 있을 교차로에서 웃으며 만나길 소망합니다. 긴 글을 읽어주셔서 고맙습니다.

헛되이 쓰지 않았기를,
헛되이 읽히지 않았기를 바라며

황진규

참고 문헌

《그리스철학자 열전》, 디오게네스 라에르티오스, 동서문화사, 2008
《논리 철학 논고》, 루트비히 비트겐슈타인, 책세상, 2006
《독일 이데올로기》, 칼 마르크스, 두레, 1989
《모놀로기온&프로슬로기온》, 캔터베리의 안셀무스, 아카넷, 2018
《무문관》, 무문혜개, 침묵의향기, 2015
《물질과 기억》, 앙리 베르그손, 아카넷, 2005
《사랑예찬》, 알랭 바디우, 길, 2010
《사랑의 역사(役事)》, 쇠얀 키르케고르, 다산글방, 2005
《스펙타클의 사회》, 기 드보르, 현실문화연구, 1996
《시간과 타자》, 엠마누엘 레비나스, 문예출판사, 1996
《신학적 활동(Opera Theologica)》, St. Bonaventure, NY: Franciscan Institute, 1967-86. (10 vol.)
《아미엥에서의 주장》, 루이 알뛰세르, 솔, 1991
《안티 오이디푸스》, 질 들뢰즈 · 펠릭스 과타리, 민음사, 2014
《에크리》, 자크 라캉, 새물결, 2019
《에티카》, B. 스피노자, 서광사, 1990
《인정투쟁》, 악셀 호네트, 동녘, 1996
《임제록》, 임제, 불일출판사, 1999
《자본주의의 아비투스》, 피에르 부르디외, 동문선, 2002
《자유와 사회적 억압의 원인들에 대한 성찰(réflexions sur les causes de la liberté et de l'oppression sociale)》, 시몬 베유, Independently Published, 2019

《정신분석학 개요》, 지그문트 프로이트, 열린책들, 2004
《주체의 해석학》, 미셸 푸코, 동문선, 2007
《중력과 은총》, 시몬 베유, 이제이북스, 2008
《즐거운 학문 · 메시나에서의 전원시 · 유고》, 프리드리히 니체, 책세상, 2019
《차이와 반복》, 질 들뢰즈, 민음사, 2004
《철학적 탐구》, 루트비히 비트겐슈타인, 책세상, 2006
《쾌락》, 에피쿠로스, 문학과지성사, 1998
《프루스트와 기호들》, 질 들뢰즈, 민음사, 2004
《헤라클레이토스: 우주의 파편들(Heraclitus: The cosmic fragments)》, 헤라클레이토스 저, 제프리 커크 편집, 케임브리지 대학교, 2011

나는
어떻게 살고 사랑할까?

철학으로
사람 공부 인생 공부

2024년 1월 25일 1판 1쇄

지은이 황진규
펴낸이 김철종

펴낸곳 (주)한언
출판등록 1983년 9월 30일 제1-128호
주소 서울시 종로구 삼일대로 453(경운동) 2층
전화번호 02)701-6911 **팩스번호** 02)701-4449
전자우편 haneon@haneon.com

ISBN 978-89-5596-975-7 (03100)

만든 사람들
기획 · 총괄 | 손성문
편집 | 한재희
디자인 | 이화선

한언의 사명선언문

Since 3rd day of January, 1998

Our Mission - 우리는 새로운 지식을 창출, 전파하여 전 인류가 이를 공유케 함으로써 인류 문화의 발전과 행복에 이바지한다.

- 우리는 끊임없이 학습하는 조직으로서 자신과 조직의 발전을 위해 쉼 없이 노력하며, 궁극적으로는 세계적 콘텐츠 그룹을 지향한다.

- 우리는 정신적·물질적으로 최고 수준의 복지를 실현하기 위해 노력하며, 명실공히 초일류 사원들의 집합체로서 부끄럼 없이 행동한다.

Our Vision 한언은 콘텐츠 기업의 선도적 성공 모델이 된다.

저희 한언인들은 위와 같은 사명을 항상 가슴속에 간직하고
좋은 책을 만들기 위해 최선을 다하고 있습니다.
독자 여러분의 아낌없는 충고와 격려를 부탁드립니다.
• 한언 가족 •

HanEon's Mission statement

Our Mission - We create and broadcast new knowledge for the advancement and happiness of the whole human race.

- We do our best to improve ourselves and the organization, with the ultimate goal of striving to be the best content group in the world.

- We try to realize the highest quality of welfare system in both mental and physical ways and we behave in a manner that reflects our mission as proud members of HanEon Community.

Our Vision HanEon will be the leading Success Model of the content group.